Régine Mérieux
Murielle Bidault
Yves Loiseau

connexions

Cahier d'exercices

Crédits photographiques, illustrations et références des textes

Couverture : © Max Dia/Getty Images - 3ᵉ de couverture : Projection de Fuller - Source : n° spécial de *Courrier international*, « L'atlas des atlas », mars-avril-mai 2005, DR
Intérieur : p. 7 : © Simeone/Photononstop ; p. 9 : *Chamelle* de Marc Durin-Valois © Éditions Jean-Claude Lattès, 2002 ; p. 15 : © Sichov/Sipa ; p. 20 : © Sondage Ifop - *Dimanche Ouest France* - 2 janvier 2005 ; pp. 22-23 : © Adia ; p. 25 : © www.psychologue.levillage.org/C.html ; p. 31 : *Ensemble, c'est tout* de Anna Gavalda © Éditions le Dilettante ; p. 33 : Vaincre les phobies d'après Ayla Seugon © Doctissimo, DR ; pp. 50-51 : © Hergé/Moulinsart 2005 ; p. 59 : © Contribuables Associés (www.contribuables.org) ; pp. 69-76-77 : © Jean Odoutan ; pp. 89-90 : Article de Didier Jacob, journaliste à l'hebdomadaire *Le Nouvel Observateur* © *Label France*, magazine international du ministère des Affaires étrangères

Chanson : *Le Moulin de la galette* : lettre et musique : © 1947 by les Éditions Métropolitaines, N. Glanzberg/A. Tabet/L. Poterat ; interprétée par Lucienne Delyle avec l'aimable autorisation d'E.P.M.
Illustrations : Jean-Pierre Joblin : pages 15, 19, 43, 49, 51, 73

Nous avons recherché en vain les auteurs ou les ayants droits de certains documents reproduits dans ce livre. Leurs droits sont réservés aux Éditions Didier.

Conception couverture : Chrystel Proupuech
Conception maquette : Ici design
Mise en pages : Nelly Benoit

« Le photocopillage, c'est l'usage abusif et collectif de la photocopie sans autorisation des auteurs et des éditeurs. Largement répandu dans les établissements d'enseignement, le photocopillage menace l'avenir du livre, car il met en danger son équilibre économique. Il prive les auteurs d'une juste rémunération.
En dehors de l'usage privé du copiste, toute reproduction totale ou partielle de cet ouvrage est interdite. »

« La loi du 11 mars 1957 n'autorisant, au terme des alinéas 2 et 3 de l'article 41, d'une part, que les copies ou reproductions strictement réservées à l'usage privé du copiste et non destinées à une utilisation collective » et, d'autre part, que les analyses et les courtes citations dans un but d'exemple et d'illustration, « toute représentation ou reproduction intégrale, ou partielle, faite sans le consentement de l'auteur ou de ses ayants droit ou ayants cause, est illicite. » (alinéa 1ᵉʳ de l'article 40) - « Cette représentation ou reproduction, par quelque procédé que ce soit, constituerait donc une contrefaçon sanctionnée par les articles 425 et suivants du Code pénal. »

© Les Éditions Didier, Paris 2005   ISBN 2-278-5627-1   Imprimé en France

Sommaire

Module 1
(Inter)agir à propos d'informations et d'opinions

UNITÉ **1** : Souvenirs — 4
UNITÉ **2** : L'Amant (Marguerite Duras) — 14

Module 2
(Inter)agir à propos d'émotions, de sentiments

UNITÉ **3** : Famille — 24
UNITÉ **4** : Peurs — 32

Module 3
(Inter)agir à propos d'activités ou d'actions

UNITÉ **5** : Conversations — 42
UNITÉ **6** : Et si … — 50

Module 4
(Inter)agir dans des situations sociales

UNITÉ **7** : Débat — 60
UNITÉ **8** : Francophones — 69

Module 5
Structurer son discours

UNITÉ **9** : Le travail — 78
UNITÉ **10** : Humour — 89

TRANSCRIPTIONS — 99
CORRIGÉS — 111

(Inter)agir à propos d'informations et d'opinions

UNITÉ 1
Souvenirs

Livre de l'élève pages 10 et 11

Exercice 1

Choisissez dans la liste l'élément qui convient pour compléter chaque phrase. Faites les accords nécessaires.

bouffer • cru • une époque • fabuleux • faire saliver • gueuler • une expédition • explorer • rejoindre • siffler • une sirène • terrifiant • une vedette

1. Arrête de me .... avec tes pâtisseries orientales ! Je suis au régime et je ne dois pas en manger.
2. Béatrice et Nicolas ont fait un voyage .... en Inde et au Sri-Lanka : ils ont vu des endroits superbes et rencontré des gens très accueillants.
3. Claude est tellement drôle qu'il était devenu la .... du club de vacances !
4. J'ai des souvenirs plutôt .... de ce safari : on a été attaqués par un lion.
5. Samia Boutaya vous prie de l'excuser. Elle sera un peu en retard. Elle va nous .... vers 15 heures.
6. Philippe est revenu fatigué mais ravi de son .... de trois semaines dans l'Himalaya.
7. Je suis tout excitée à l'idée de partir..................... la forêt vierge cet été.

Exercice 2

Écoutez et cochez les cases qui conviennent.

	vrai	faux	on ne sait pas
1. La femme qui parle a beaucoup aimé son voyage en Chine et elle en garde beaucoup de souvenirs.			
2. Elle a réalisé son voyage en Chine avec son mari.			
3. Elle voulait visiter la Cité interdite mais elle s'est perdue dans la ville de Pékin et elle n'a pas trouvé la Cité interdite.			
4. Dans un temple, elle a rencontré des touristes russes.			
5. Il y avait partout beaucoup de touristes européens et chinois.			
6. Les sites touristiques que la femme a visités étaient très grands.			
7. Certains touristes chinois prennent les touristes européens en photo.			

Exercice 3

Écoutez à nouveau le document et complétez les phrases avec les adjectifs que vous entendez.

1. Alors, par contre, après, j'ai été à Pékin, donc ça, c'est assez ....
2. Les sites sont ....
3. Ah, c'est... en fait, c'est ....
4. Mais ça fait je ne sais pas combien d'hectares, c'est ....
5. Vraiment, tu y passes la journée ....
6. C'est bourré de temples mais qui sont assez .... les uns aux autres.
7. La première fois, c'est assez ....

UNITÉ 1
Souvenirs

Exercice 4

Écrivez une phrase avec chacun de ces adjectifs.

1. fabuleux : ....
2. incroyable : ....
3. immense : ....
4. curieux : ....

RACONTER AU PASSÉ

Livre de l'élève pages 12 et 13

Exercice 5

Écrivez les verbes à la forme qui convient : passé composé ou imparfait.

1. – Comment tu es allé là-bas, en avion ?
   – Oh, non, à l'époque, les avions (ne pas exister) .... encore !
   Je (prendre) .... le bateau !
2. – Mais, je n'ai pas reçu votre dossier.
   – Pourtant, je vous (l'envoyer) .... il y a une semaine !
3. – Vraiment, là, vous allez avoir des problèmes !
   – Mais je (ne pas savoir) .... que je (devoir) .... vous contacter.
4. – Qu'est-ce qu'il s'est passé ?
   – À cause de la météo, on ne pouvait pas se poser à l'aéroport de New York et on (atterrir) .... à Washington.
5. – Elle n'a trouvé personne qui pouvait l'aider ?
   – Non, il n'y (avoir) .... personne quand elle (arriver) .... à 8 heures.
6. – Alors, tu es content de tes vacances ?
   – Ah, oui, ce (être) .... bien : on (visiter) .... des endroits que je (ne pas connaître) .... pas encore.
7. – Moi aussi, j'aime bien ce qu'il fait, Daniel Pennac.
   – Tu sais que je (le rencontrer) .... une fois, en 2002 ?

Exercice 6

Lisez les phrases et cochez la forme qui convient.

1. Elle n'a pas tenu la promesse
   ☐ qu'elle me faisait au début de l'année.
   ☐ qu'elle m'avait faite au début de l'année.
2. Est-ce que tu as trouvé le dossier
   ☐ que tu cherchais ?
   ☐ que tu avais cherché ?
3. Le directeur a réussi à faire des bénéfices en 2004
   ☐ parce qu'il savait réorganiser son entreprise en 2003.
   ☐ parce qu'il avait su réorganiser son entreprise en 2003.
4. Mon ordinateur est tombé en panne une nouvelle fois ce matin, pourtant
   ☐ je l'emportais chez un technicien la semaine dernière pour une vérification.
   ☐ je l'avais emporté chez un technicien la semaine dernière pour une vérification.
5. Il ne parlait pas très clairement et il disait des choses
   ☐ que je ne comprenais pas.
   ☐ que je n'avais pas comprises.
6. Le Parlement a supprimé, la semaine dernière, une loi
   ☐ que la IIIe République a établie en 1881.
   ☐ que la IIIe République avait établie en 1881.
7. Dès qu'il a commencé à parler, j'ai compris
   ☐ que je ne pouvais pas lui faire confiance.
   ☐ que je n'avais pas pu lui faire confiance.
8. J'ai rencontré Frédérique ce matin, dans la rue.
   ☐ Je ne l'ai pas vue depuis longtemps.
   ☐ Je ne l'avais pas vue depuis longtemps.

UNITÉ 1
Souvenirs

Exercice 7

Dans le texte suivant, rayez la forme qui ne convient pas.

« O., une fille de la cité, m'a proposé de faire à sa place des cours de français à l'institution Saint-Dominique. (Ç'a été – C'était) une bonne occasion de gagner un peu d'argent en plus de ma bourse. La supérieure (m'a reçue – me recevait), le « Lagarde et Michard » du XVIe siècle* à la main. Je lui (ai dit – avais dit) que je (n'ai jamais enseigné – n'avais jamais enseigné) et que cela (m'effrayait – m'avait effrayé). C'était normal, elle-même, pendant deux ans, (n'a jamais pu – n'avait jamais pu) entrer dans sa classe de philosophie que la tête baissée, le regard au sol. Assise sur une chaise en face de moi, elle (mimait – avait mimé) ce souvenir. Je (ne voyais plus – n'avait plus vu) que son crâne voilé. En sortant avec le « Lagarde et Michard » qu'elle (m'a prêté – m'avait prêté), je (me suis vue – m'était vue) dans la classe de seconde sous les regards des filles et (j'ai eu – j'avais eu) envie de vomir. Le lendemain, (j'ai téléphoné – je téléphonais) à la supérieure pour refuser les cours. Elle (m'a dit – me disait) sèchement de rapporter le manuel. »

Annie Ernaux, *L'événement*, pp.19-20, NRF, Gallimard, 2000.

* Le « Lagarde et Michard » était un livre très utilisé dans les lycées français pour l'étude de la littérature française, du Moyen Âge au XXe siècle.

Exercice 8

A

Échangez vos informations avec celles de votre partenaire et, à deux, retrouvez qui a fait quel voyage et avec quel moyen de transport (vélo, voiture, bateau, avion).

- Wilfrid adore faire de la voile et il a acheté un petit bateau avec des amis.
- Yvan n'est jamais allé sur le continent américain.
- Xavier n'aime pas les voitures et il n'a même pas son permis de conduire.
- La petite amie de Wilfrid est japonaise.

	Algérie	Brésil	Chine	Danemark
Wilfrid				
Xavier				
Yvan				
Zoé				

B

Échangez vos informations avec celles de votre partenaire et, à deux, retrouvez qui a fait quel voyage et avec quel moyen de transport (vélo, voiture, bateau, avion).

- Xavier voulait aller au Brésil mais il n'avait pas assez d'argent pour payer le billet d'avion.
- Zoé n'a pas voulu accompagner celui qui est allé au Danemark parce qu'elle n'est pas habituée à faire du vélo.
- Pour aller jusqu'en Chine en voiture, il faut traverser beaucoup de pays.

	Algérie	Brésil	Chine	Danemark
Wilfrid				
Xavier				
Yvan				
Zoé				

UNITÉ 1
Souvenirs

Exercice 9

Vous revenez d'un voyage au Costa Rica. D'après le programme du voyagiste qui a organisé votre séjour, tout aurait dû être fantastique. Malheureusement, vous avez rencontré beaucoup de problèmes (avec l'avion, l'hôtel, les visites, les excursions…). Vous écrivez une lettre au voyagiste (Illico, 37 avenue de l'Opéra, 75001 Paris) pour lui expliquer comment se sont passées vos vacances (150 mots). Comparez ce qu'on vous avait promis et ce que vous avez trouvé sur place.

Votre forfait séjour comprend :
- Le vol de la France au Costa Rica avec une grande compagnie aérienne.
- L'accueil à l'aéroport de San José et le transport en ville.
- Le séjour au Gran Hotel Doña Ines à San José.
- Une randonnée dans la forêt dense de la Cordillera de Tilarán.
- Une excursion jusqu'au sommet du volcan Arenal.
- Des bains dans les sources d'eau chaude au pied du volcan Arenal.
- Une visite de la réserve biologique Bosque Nuboso Monteverde et une promenade au sommet des arbres pour observer les animaux les plus fabuleux (singes, oiseaux,…).
- Une initiation à la plongée sous-marine au nord de la péninsule de Nicoya, près de Playa Hermosa.
- La présence à tout moment d'un guide interprète.

Prix (tout compris) 10 jours-9 nuits : 2 395 euros (départ de Paris)

DIRE QU'ON SE SOUVIENT/DIRE QU'ON A OUBLIÉ

Livre de l'élève pages 14 et 15

Exercice 10

Rayez l'élément qui ne convient pas pour compléter chaque phrase.
1. Est-ce que (tu te rappelles – tu te souviens) nos belles vacances à Deauville ?
2. C'est dommage, (j'ai oublié – j'ai pensé) le plan de la ville à l'hôtel…
3. Fred, tu (n'aurais pas oublié – ne te serais pas souvenu) que nous dînons chez les Prunier, ce soir ?
4. Zut ! (J'ai oublié – Je n'ai pas le moindre souvenir) de laisser la clé au gardien en partant.
5. Il faudrait simplement que (vous pensiez – vous vous rappeliez) à nous prévenir en cas de problème.
6. Non vraiment, (je n'ai pas le moindre souvenir – j'ai oublié) de cette histoire.
7. Elle ne (se rappelle – oublie) pas de ce qu'elle a dit aux policiers.
8. Est-ce que (tu te souviens – tu as le moindre souvenir) que nous habitions dans cette petite maison ?

Exercice 11

Écoutez Paulo qui évoque ses souvenirs puis cochez les affirmations qui correspondent à son récit.

- ▪ Paulo a oublié la pétanque sous les arbres.
- ▪ Paulo se souvient bien de ses copains et des parties de pétanque sous les arbres.
- ▪ Paulo se rappelle les belles jeunes filles.
- ▪ Il n'a pas oublié Francine et Cécile.
- ▪ Il n'a pas le moindre souvenir de la fille du boulanger.
- ▪ Paulo se souvient bien de ses 30 ans.
- ▪ Paulo sait même combien il y avait d'invités.
- ▪ Paulo ne se souvient plus de tous les cadeaux qu'il a reçus.
- ▪ Paulo ne se rappelle pas de Marcel.

UNITÉ 1
Souvenirs

Exercice 12

Lisez et complétez ce dialogue entre deux copains qui se retrouvent.

– Eh, Salut, Maryse !
– Euh… salut… ?
– Bah, tu ne .... de moi ?
– Non, pourquoi, on se connaît ?
– Mais oui, on était à l'école ensemble ! Tu es bien Maryse Grosjean ?
– Euh… oui… Au collège ou au lycée ?
– Les deux, au collège Paul Bert puis au lycée… mince ! J'............................... son nom… Rue de la grande Tour.
– Banville. Oui c'est ça, j'étais au lycée Banville mais je ne .... pas du tout ton visage, excuse-moi. Tu es… ?
– Denis. Denis Marcon. Tu y es ?
– Non, pardon, mais je n'ai pas .... de ton nom, non plus.
– Quel dommage ! Pourtant, on en a fait des bêtises, ensemble avec Paul, Fatima, Victor… Tu .... d'eux ?
– Un peu mais pas trop.
– Et Monsieur Destouches, notre vieux prof d'histoire. Qu'est-ce qu'il était dur ! Tu n'as pas pu le ...., lui !
– Bah si… Je ne .... de lui non plus. Mais tu sais, j'ai eu un grave accident de voiture à l'âge de 20 ans et je .... beaucoup de choses, malheureusement. J'ai de sérieux problèmes de mémoire.
– Ah, je comprends. Et si on allait prendre un verre pour que je te raconte ?
– Bonne idée. Il faudra juste que je .... à appeler mon mari pour lui dire que je rentrerai un peu plus tard…

LA MUSIQUE DE LA LANGUE

Livre de l'élève page 15

Écoutez ce récit puis dites si les extraits suivants sont des affirmations, des interrogations ou des exclamations. Cochez la case qui convient.

	affirmation	interrogation	exclamation
1. Ce n'est pas Noël			
2. J'aimais bien Noël mais le départ en Espagne, c'était toujours le moment de l'année			
3. On partait tous les quatre pour un mois en deux-chevaux			
4. On rigolait comme des baleines, avec mon frère			
5. Vous vous rendez compte, plus de 1000 kilomètres à quatre dans une deux-chevaux			
6. Il n'avait que deux chevaux mais ça faisait un bruit infernal, là-dedans			
7. Et puis, ces vacances étaient toujours délicieuses.			
8. J'étais beaucoup plus libre, aussi			
9. Alors nous, on était contents, vous comprenez			

UNITÉ 1
Souvenirs

DÉCRIRE UNE PERSONNE
Livre de l'élève pages 16 et 17

Exercice 14

Lisez cet extrait littéraire puis répondez ou cochez les réponses qui conviennent.

« – Mouna, réveille-toi, dis-je en allant vers elle, sans bruit. Elle met son bras devant le front, cligne un instant les yeux, encore dans un brouillard de rêves et de néant ; puis me sourit avec douceur, prend le plat que j'ai entouré de chiffons pour qu'elle ne se brûle pas. L'eau est très chaude, elle souffle longuement la fumée qui s'en échappe, ses longs cils baissés. J'aime sa beauté muette qui se révèle ainsi, comme un secret inattendu, susurré tout bas. Sous le nez droit, aux narines si fines que leur texture est comme un pétale, les lèvres ont la couleur des pierres roses. Sa peau très sombre est salie et sous les yeux, de grands cernes lui donnent un air triste. Même fatiguée ainsi, elle reste belle, racée comme une antilope, les hanches cambrées sous un buste fin qui portent les seins comme deux petits fruits, haut placés. Elle ne ressemble en rien aux femmes que l'on aime par ici, le bassin très large, les mamelles lourdes et chaudes.
Elle chuchote, un peu moqueuse :
– Tu ne me regardes pas comme on regarde une malade. »

Chamelle, Marc Durin-Valois (p.76), J-C Lattès.

1. Mouna est en train
   ▪ de se réveiller.
   ▪ de rêver.
   ▪ d'aller se coucher.
2. Le regard qu'elle adresse au narrateur est
   ▪ plutôt dur.
   ▪ plutôt triste.
   ▪ plutôt doux.
3. Les narines du nez de Mouna sont comparées à
   ▪ une pierre.
   ▪ une fleur.
   ▪ un oiseau.
4. Pourquoi Mouna a-t-elle un air triste ?
5. D'après la description que le narrateur fait de Mouna, essayez d'imaginer ce qu'est une antilope.
   ▪ un animal à cornes effilées, remarquable par la vitesse et la légèreté de sa course.
   ▪ un animal sauvage qui vit en Afrique et qui est remarquable par sa férocité et sa puissance.
   ▪ un animal domestique qui a de longs poils et un tout petit nez.
6. D'après la fin du texte, que diriez-vous de l'allure de Mouna ?

UNITÉ 1
Souvenirs

Exercice 15

Faites ce jeu-test puis lisez les résultats.

PORTRAIT ÉMOTIONNEL...

Cochez les phrases qui vous correspondent, puis faites le compte de chacun des quatre symboles et reportez les résultats dans les cases au bas du test.

Vous pensez que c'est grâce à la chance que vous réussissez.	✱
Vous êtes intimidé(e) quand vous devez parler devant plus de trois personnes.	⊥
Vous riez souvent nerveusement, sans pouvoir vous arrêter.	○
Dans votre famille, vous êtes enfant unique ou l'enfant le plus âgé.	✪
Vous êtes souvent malade dans les transports (voiture, avion).	⊥
Vous préférez travailler seul(e) plutôt qu'en équipe.	✱
Vous détestez une partie de votre corps (yeux trop gros, nez trop long).	⊥
Vous vous sentez souvent seul(e) ou incompris(e).	✪
Vous vous sentez mal quand quelqu'un vous observe.	○
Vous ne vous fâchez jamais avec personne.	✱
Vous acceptez les critiques mais vous y pensez pendant très longtemps.	○
Vous avez souvent mal à la tête.	✪
Vous trouvez que vos ami(e)s ont toujours plus de qualité que vous.	✱
Vous arrivez toujours en avance à la gare pour prendre le train.	⊥
Vous êtes souvent embarrassé(e) pour des choses peu importantes.	○
Vous n'aimez pas être critiqué.	✪
Vous ne pouvez pas regarder quelqu'un dans les yeux plus de deux secondes.	○
Dans un pays étranger, vous ne vous promenez jamais seul(e) parce que vous avez peur pour votre sécurité.	⊥
Vous refusez les invitations de vos amis (dîners, fêtes...).	✱
Vous avez tendance à parler beaucoup et à ne pas laisser parler les autres.	✪

Comptez les symboles :

RÉSULTAT DU JEU-TEST

majorité de ○ : Vous avez tendance à être gouverné par vos émotions et à tout exagérer. Les choses les plus simples vous semblent difficiles et comme vous avez toujours peur de mal faire, vous manquez certainement de bonnes occasions de bien faire. Vous êtes un(e) hypersensible et vous devriez essayer d'exprimer tout haut vos émotions plutôt que de laisser votre corps le faire.

majorité de ⊥ : Vous êtes du genre anxieux et vous inquiétez tout le temps. Vous n'essayez pas d'entreprendre des choses nouvelles car vous avez peur de l'échec. Vous menez donc une petite vie tranquille et vous aimez rester dans « votre petit monde ». Essayez de faire la liste de toutes les activités qui vous angoissent et essayez de les vaincre une à une.

majorité de ✱ : Vous faites peu d'efforts pour aller vers les autres et prendre des décisions. Vous restez indifférent(e) aux critiques qu'on peut vous faire mais vous renoncez facilement à ce qui vous semble difficile. Vous n'avez pas assez confiance en vous et vous avez peur de montrer vos faiblesses. Essayez de ne pas mentir aux autres et à vous-même et vous paraîtrez moins distant.

majorité de ✪ : Vous semblez très sûr(e) de vous, vous dites ce que vous pensez vraiment et tout le monde pense que vous êtes très fort dans de nombreuses situations. Au fond, cela cache certainement beaucoup de timidité. Vous paraissez distant car vous avez peur de montrer vos faiblesses. Essayez de ne pas mentir aux autres et à vous-même et vous paraîtrez moins distant. c'est dommage. Arrêtez de vous dévaloriser ; vous savez faire plein de choses, prenez-en conscience !

UNITÉ 1
Souvenirs

DÉCRIRE UN LIEU

a) Écoutez les réponses et devinez sur quel thème porte chaque échange.

Exemple : Ah ! oui, la plupart sont intéressants : l'un va être historique, l'autre va nous dévoiler ses richesses coloniales... et nous, on habitait dans le plus beau de la ville ! → *les quartiers*

b) Réécoutez les répliques une à une et imaginez la question qui a pu précéder chacune.

NUANCES DE SENS DES ADJECTIFS

Livre de l'élève pages 18 et 19

Écoutez ces minidialogues et complétez le tableau.

	Noms	Adjectifs utilisés	Caractéristique objective	Caractéristique non objective
1	les danses	....	X	
2	la police	....		
3	une chanteuse	....		
4	la constitution	....		
5	un numéro	....		
6	ces tableaux	....		

Exercice 18

Complétez les phrases en mettant l'adjectif proposé à la bonne place.

1. – Lui, je le connais, je l'ai déjà vu quelque part !
   – Évidemment, c'est un .... boxeur .... Il a été plusieurs fois champion du monde. (ancien)
2. – Combien de temps est-ce qu'il a mis pour construire son garage ?
   – Je ne sais pas. Il a mis un .... temps ...., peut-être deux ou trois mois. (certain)
3. – Quand vous allez à Barcelone, vous dormez à l'hôtel ?
   – Non, nous allons chez un .... copain .... Nous étions à la fac ensemble. (vieux)
4. – Est-ce que tu connais le nouvel instituteur ? Il vient de terminer ses études, non ?
   – Ne t'inquiète pas ! C'est un .... instituteur .... mais il enseigne depuis plusieurs années. (jeune)
5. – Quand allez-vous rendre visite à votre famille en Australie ?
   – Nous y allons toujours la .... semaine .... de décembre, comme ça nous passons Noël ensemble. (dernier)
6. – Je n'ai pas vu ta fille depuis longtemps. Quel âge a-t-elle ? Elle est à l'école primaire maintenant ?
   – Non, elle est à l'école maternelle, c'est encore une .... fille .... (petite)

UNITÉ 1
Souvenirs

Exercice 19

Rayez les adjectifs qui ne sont pas à la bonne place.

1. Mais si, tu as déjà vu Sophie. Elle a de (longs/blonds) cheveux (longs/blonds).
2. La sculpture de Marc, c'est cette (carrée/immense) statue (carrée/immense) au fond du parc.
3. Dans ce restaurant, ils servent un (italien/délicieux) café (italien/délicieux).
4. Le (dernier/historique) roman (dernier/historique) de mon auteur préféré vient enfin de sortir !
5. Mon mari s'est offert un (portable/magnifique/nouvel) ordinateur (portable/magnifique/nouvel) pour son anniversaire.
6. Ce soir, je vais enfin pouvoir regarder ce (célèbre/japonais/vieux) film (célèbre/japonais/vieux) que j'ai acheté la semaine dernière.

ARRÊT SUR IMAGE

Livre de l'élève pages 20 et 21

Exercice 20

Remettez les lettres dans l'ordre pour retrouver des mots puis associez chacun d'eux à sa définition.

a. LONICLE ....   b. GREVRE ....   c. TANCORIE ....
d. CSRUELPTU ....   e. TIPENRE ....   f. GORSPER ....

1. Artiste qui produit une œuvre en taillant une matière dure. → ....
2. Chapeau de paille. → ....
3. Personne qui exerce son art sur une toile avec des pinceaux. → ....
4. Mouvement en avant. Développement, amélioration. → ....
5. Jardin planté d'arbres fruitiers. → ....
6. Petite montagne de terre de forme arrondie. → ....

1	2	3	4	5	6

Exercice 21

1. Sans écouter la chanson, aidez-vous des rimes (voir exemple) pour compléter le texte avec les éléments suivants : *mon cœur – les branches – un dimanche – un vieux moulin – je t'aime – belles – notre amour – Paris*. Ensuite, vérifiez vos réponses en écoutant la chanson.

Exemple : *Une rue qui penche*
Un bal sous les branches → On a le même son à la fin des deux mots.

Le Moulin de la Galette

Une rue qui penche
Un bal sous ....
C'est ....
Qui ne moud plus de grains
Sous ses grandes ailes
Les filles sont ....
C'est un jardin fleuri
Tout en haut de ....

Refrain

C'est là qu' ....
Sous ses ailes blanches
Deux grands yeux moqueurs
Ont charmé tout ....
Dans ce coin bohème
Il m'a dit «..................»
Et depuis ....
A grandi chaque jour

Lucienne Delyle - 1946

UNITÉ 1
Souvenirs

2. Écoutez une nouvelle fois la chanson puis reconstituez le refrain en remettant les phrases dans l'ordre.

Refrain :

a. Tournent, tournent au rythme du vent
b. A des ailes couleur du temps
c. Pour un petit béguin
d. Le joli moulin de la Galette
e. Son bonnet par dessus le moulin

f. Il fait danser garçons et fillettes
g. A jeté bien loin
h. Et les refrains de ses chansonnettes
i. Et plus d'une un soir de printemps

1	2	3	4	5	6	7	8	9

Exercice 22

Lisez ce texte puis cochez la réponse qui convient.

[...] « Pendant toute la durée de l'exécution du Moulin de la Galette, Renoir s'installa[1] dans une vieille bicoque[2] de la rue Cortot. ..., mais je sais que mon père, comme partout ailleurs, se laissa entièrement absorber par le village de Montmartre. La population se composait de petits bourgeois attirés par le bon air et la modicité des loyers, de quelques cultivateurs, et surtout de familles ouvrières dont les garçons et les filles dégringolaient tous les matins les pentes Nord de la colline pour aller « se ruiner les poumons » dans les nouvelles usines de Saint Ouen. Il y avait déjà des bistrots et surtout le Moulin de la Galette, où venaient danser le samedi soir et le dimanche les midinettes[3] et les calicots[4] des quartiers nord de Paris. Les bâtiments actuels du moulin n'existaient pas. C'était un simple hangar construit à la hâte autour de deux moulins à vent qui venaient à peine de terminer leur longue carrière de distributeurs de farine. Les grandes cheminées peu à peu remplaçaient les champs de blé de la plaine Saint Denis, et les meules[5] montmartroises n'avaient plus rien à moudre. Il est heureux que la limonade soit venue sauver du passé ce charmant vestige du passé. Renoir adorait cet endroit typiquement représentatif du coté « bon enfant » du peuple parisien dans sa façon de s'amuser. » [...]

Pierre-Auguste Renoir, mon père de Jean Renoir

1. Passé simple du verbe s'installer = s'est installé.
2. Petite maison sans grande valeur.
3. Jeune ouvrière ou vendeuse dans la couture.
4. Employé d'un magasin de nouveauté.
5. Roue de pierre qui sert à écraser, à broyer.

	vrai	faux
1. C'est le fils de P-A Renoir qui a écrit ce livre.		
2. Renoir est indifférent au village de Montmartre.		
3. Seuls les gens riches habitent à Montmartre.		
4. On vient habiter à Montmartre pour son air pur et ses faibles loyers.		
5. Les enfants des ouvriers travaillent dans les moulins.		
6. Les Parisiens font la fête au Moulin de la Galette les samedis soirs.		
7. Le Moulin de la Galette se trouve dans un magnifique immeuble.		
8. Les moulins sont toujours en activité a Montmartre.		
9. Pour Renoir, le Moulin de la Galette représente bien la mentalité des Parisiens.		

(Inter)agir à propos d'informations et d'opinions

UNITÉ 2
L'Amant
(Marguerite Duras)

Livre de l'élève pages 22 et 23

Exercice 1

Complétez la grille avec les mots qui manquent dans chacune des phrases.

1. Hier, j'ai rencontré par hasard mon acteur préféré mais j'étais tellement .... que je n'ai pas pu lui parler.
2. Pour traverser la rivière nous avons pris le .... car il n'y avait pas de pont.
3. Dans ma famille, les garçons sont en .... J'ai seulement deux cousins alors que j'ai neuf cousines.
4. Ce chapeau te va vraiment bien. Tu es très élégant avec ce nouveau ....
5. En sortant de l'eau, les enfants ont eu très froid, ils .... de la tête aux pieds.
6. Pour leurs vacances, nos voisins sont allés en Asie pour visiter les anciennes .... françaises.
7. Je viens de regarder un documentaire très intéressant sur les coutumes .... des indiens d'Amazonie.

Exercice 2

Remettez les phrases suivantes dans l'ordre pour reconstituer la biographie de Marguerite Duras.

1. En 1939, elle épouse Robert Antelme, puis rencontre en 1942 Dyonis Mascolo dont elle aura un fils, Jean.
2. Elle devient un auteur culte, mais c'est en 1984 avec *L'Amant*, livre sur sa jeunesse en Indochine, qu'elle obtient le prix Goncourt et connaît un succès exceptionnel.
3. Véritable phénomène de société, suscitant haine et admiration, son oeuvre est à rattacher au courant du « nouveau roman ». Marguerite Duras meurt en 1995, à l'âge de 95 ans.
4. Marguerite Duras (de son vrai nom Marguerite Donnadieu) est née à Gia-Dinh, prêt de Saigon en Indochine, en 1914, de parents enseignants partis vivre dans les colonies françaises.
5. Son premier roman, *Les impudents*, est publié en 1943. Dès lors, elle fréquente le Paris intellectuel et publie à un rythme soutenu.

UNITÉ 2
L'Amant
(Marguerite Duras)

6. C'est avec le scénario de *Hiroshima mon amour*, réalisé par Alain Resnais en 1959, que Marguerite Duras s'impose comme une figure majeure de la littérature contemporaine.
7. Marguerite est élevée en pension à Saigon avant de rentrer en France en 1932. Elle se fixe à Paris et entreprend des études de droit, de mathématiques et de Sciences Politiques.
8. Son père meurt jeune en laissant sa mère avec trois enfants ; celle-ci achète une petite concession au Cambodge pour subvenir aux besoins de sa famille, mais la terre se révèle incultivable.

www.comedie-francaise.fr/biographies/duras.htm

Marguerite Duras, en 1985.

.... / .... / .... / .... / .... / .... / .... / ....

Exercice 3

Vous êtes Sabrina. Vous envoyez ce faire-part à une vieille amie avec une lettre dans laquelle vous lui racontez votre rencontre avec Christophe. Imaginez cette lettre.

....
....
....
....
....

RAPPORTER LES PAROLES DE QUELQU'UN
Livre de l'élève pages 24 et 25

Exercice 4

Écoutez les phrases et cochez les réponses qui conviennent.

	discours direct	discours rapporté
1.		
2.		
3.		
4.		
5.		
6.		
7.		
8.		

UNITÉ 2
L'Amant
(Marguerite Duras)

Exercice 5

Cochez la phrase équivalente.

1. Marc ordonne à son voisin : « Ferme la fenêtre ! »
   - ▪ Marc ordonne à son voisin de fermer la fenêtre !
   - ▪ Marc ordonne à son voisin de fermer la fenêtre.
2. Monsieur Ferrer explique : « J'ai perdu mon chien dans le parc ! »
   - ▪ Monsieur Ferrer explique que j'ai perdu mon chien dans le parc.
   - ▪ Monsieur Ferrer explique qu'il a perdu son chien dans le parc.
3. Julie dit à sa meilleure amie : « J'ai rencontré l'homme de ma vie ! »
   - ▪ Julie dit à sa meilleure amie qu'elle a rencontré l'homme de ma vie.
   - ▪ Julie lui dit qu'elle a rencontré l'homme de sa vie.
4. Nous demandons à Laure: « Pourquoi tu n'as plus ta voiture ? »
   - ▪ Nous lui demandons pourquoi elle n'a plus sa voiture.
   - ▪ Nous demandons à Laure si elle n'a plus sa voiture.
5. Les enfants demandent : « Tu nous accompagnes à la piscine mercredi ? »
   - ▪ Les enfants te demandent de nous accompagner à la piscine mercredi.
   - ▪ Les enfants me demandent de les accompagner à la piscine mercredi.
6. Nos voisins racontent : « Des voleurs ont cambriolé notre appartement. »
   - ▪ Nos voisins racontent que nos voleurs ont cambriolé notre appartement.
   - ▪ Nos voisins racontent que des voleurs ont cambriolé leur appartement.

Exercice 6

Écoutez les phrases puis corrigez les erreurs.

1. Laure dit : « Sa fille déménage car mon mari vient de trouver du travail à Lyon. »
   ....
2. Elle nous demande d'où tu viens.
   ....
3. Le garagiste explique à Lucie que sa voiture ne marche plus.
   ....
4. Boris demande s'il peut acheter des places pour le concert de Garou samedi soir.
   ....
5. Mon fils conseille à tes amis de venir s'inscrire dans le club de foot où je joue.
   ....
6. Mes voisins demandent pourquoi nous pouvons garder mon chat pendant ses vacances.
   ....

Exercice 7

Rayez le verbe qui ne convient pas dans chaque phrase.

1. Jean **propose/avoue** que nous l'accompagnons tous à l'aéroport.
2. Sandrine et Vincent **ordonnent/annoncent** qu'ils se marieront au mois d'août.
3. Elle lui **conseille/précise** d'aller chez le médecin car il a de la fièvre.
4. L'accusé **avoue/propose** aux policiers qu'il a volé plusieurs voitures.
5. Il lui **conseille/précise** que son train part de la gare d'Austerlitz, quai n° 8, à 14 h 37.
6. Le professeur **annonce/ordonne** aux étudiants de se taire pendant l'examen.
7. Loïc **murmure/conseille** discrètement à sa petite amie qu'il l'aime.
8. Mes amis me **proposent/précisent** que la séance de cinéma est à 20 h 30.

UNITÉ 2
L'Amant
(Marguerite Duras)

RAPPORTER LES PAROLES DE QUELQU'UN (SUITE)

Livre de l'élève pages 26 et 27

Exercice 8

Lisez le texte suivant puis retrouvez le dialogue correspond.

Sophie et Agnès viennent de regarder le DVD de *L'Amant*, le film tiré du roman de Marguerite Duras. Agnès qui a déjà vu ce film, demande à Sophie si elle l'a aimé. Sophie répond qu'elle l'a trouvé fabuleux et que cette histoire d'amour l'a vraiment émue. Agnès explique à Sophie que chaque fois qu'elle voit ce film, elle ne peut pas s'empêcher de pleurer et elle demande à Sophie si elle a lu le livre. Sophie avoue qu'elle a un peu honte car elle ne l'a jamais lu. Alors, Agnès lui conseille de le faire car d'après elle, le livre est encore mieux que le film. Comme il n'est pas tard, les deux amies décident de regarder un second film. Cette fois, c'est Sophie qui propose à Agnès de regarder une autre adaptation d'un roman de Duras, *Hiroshima, mon amour*. Agnès ajoute que c'est une bonne idée même si elle va encore beaucoup pleurer.

– ....   – ....
– ....   – ....
– ....   – ....
– ....   – ....

Exercice 9

Cochez la bonne réponse.

1. Luc nous a annoncé
   ▪ qu'il doit rentrer demain.
   ▪ qu'il devait rentrer demain.
2. Ma cousine m'a dit
   ▪ qu'elle avait pris le bateau pour Ajaccio à midi
   ▪ qu'elle a pris le bateau pour Ajaccio à midi.
3. Fabien a affirmé
   ▪ qu'il allait vous rembourser rapidement.
   ▪ qu'il va vous rembourser rapidement.
4. J'ai annoncé aux enfants
   ▪ que nous irons en vacances en Italie l'année prochaine
   ▪ que nous irions en vacances en Italie l'année prochaine
5. Nous leur avons expliqué
   ▪ que la réunion a été annulée hier.
   ▪ que la réunion avait été annulée hier.
6. Le père de Luc lui a répondu
   ▪ qu'ils iraient à la pêche demain.
   ▪ qu'ils iront à la pêche demain.

Exercice 10

Mettez les phrases au discours rapporté.

1. Elle a dit : « Je vais bientôt être maman. » → ....
2. Mon frère m'a annoncé : « J'ai acheté une nouvelle voiture. » → ....
3. Julien a déclaré : « Je n'irai plus manger dans ce restaurant. » → ....
4. Nous avons demandé : « Pouvons-nous avoir un chat ? » → ....
5. Amélie a précisé : « J'ai obtenu mon diplôme à la Sorbonne en juin 2000. » → ....
6. Le directeur a affirmé : « Les salaires augmenteront à partir du mois de juillet. » → ....

UNITÉ 2
L'Amant
(Marguerite Duras)

Exercice 11

A

Posez les questions à votre partenaire, écoutez sa réponse puis cochez celle qui convient. Reformulez ensuite votre réponse puis répondez à votre partenaire en utilisant le discours rapporté.

1. Qu'a annoncé Lucie à ses parents ?
   - ☐ Elle voulait travailler.
   - ☐ Elle allait continuer ses études.
2. Qu'a demandé le journaliste au président ?
   - ☐ Son sentiment face au résultat des dernières élections.
   - ☐ Ce qu'il avait voté aux dernières élections.
3. Qu'a dit la présentatrice de la météo ?
   - ☐ Il ferait beau seulement dans le Nord.
   - ☐ Il n'y aurait pas de nuages.
4. Qu'ont demandé les voyageurs au chef de gare ?
   - ☐ À quel quai partirait leur train.
   - ☐ À quelle heure partirait leur train.
5. Qu'ont expliqué les syndicats ?
   - ☐ La direction a compris leurs problèmes.
   - ☐ La direction a refusé de les écouter.

---

a. Les salariés ont annoncé : « Il faut organiser une réunion pour parler des problèmes. »
b. Julien a demandé à sa femme : « Tu as envie de dîner au restaurant ce soir ? »
c. Le directeur a expliqué : « Le lycée fermera ses portes un mois pour cause de travaux. »
d. Fabrice a demandé à Marc : « Pourquoi est-ce que tu n'as pas répondu à mes messages ? »
e. Le maire a annoncé : « Nous avons prévu une grande fête pour le 14 juillet. »

B

Posez les questions à votre partenaire, écoutez sa réponse puis cochez celle qui convient. Reformulez ensuite votre réponse puis répondez à votre partenaire en utilisant le discours rapporté.

1. Lucie a annoncé à ses parents : « J'arrête mes études pour travailler. »
2. Le journaliste a demandé au président : « Êtes-vous content du résultat des élections ? »
3. La présentatrice de la météo a dit : « Demain, il y aura un beau ciel bleu sur tout le pays. »
4. Les voyageurs ont demandé au chef de gare : « Quand partira le train pour Lyon ? »
5. Les syndicats ont expliqué : « La direction a compris nos revendications. »

---

a. Qu'ont annoncé les salariés ?
   - ☐ Ils veulent faire grève.
   - ☐ Ils veulent faire une réunion.
b. Qu'a demandé Julien à sa femme ?
   - ☐ Si elle a envie de faire la cuisine.
   - ☐ Si elle veut manger au restaurant.
c. Qu'a expliqué le directeur ?
   - ☐ Il y aura des travaux au lycée.
   - ☐ Le lycée fermera plus d'un mois.
d. Qu'a demandé Fabrice à Marc ?
   - ☐ S'il a eu ses messages.
   - ☐ Des explications sur son absence de réponses.
e. Qu'a annoncé le maire ?
   - ☐ Une grande fête au mois de juillet.
   - ☐ Il a oublié le 14 juillet.

UNITÉ 2
L'Amant
(Marguerite Duras)

EXPRIMER SA CONFIANCE/SA MÉFIANCE

Livre de l'élève pages 28 et 29

Exercice 12

Lisez les phrases puis classez-les sous chaque dessin.

1. J'ai totalement confiance en lui.
2. Je me méfie de cet homme.
3. Je reste sur mes gardes.
4. Je peux me fier à lui.
5. J'ai de sérieux doutes sur ses compétences.
6. Je lui accorde ma confiance.
7. Cet homme ne m'inspire pas confiance.

....
....
....
....

Exercice 13

Associez les phrases qui ont le même sens.

1. Je sais que tu me dis la vérité.
2. On ne peut pas se fier à elle.
3. Je sais qu'il est sérieux.
4. Je ne sais pas s'il a raison.
5. Cette moto est totalement fiable.
6. Je me méfie de cet homme.

a. J'ai des doutes.
b. Je n'ai pas confiance en lui.
c. Je te crois.
d. On ne peut pas lui faire confiance.
e. J'ai confiance en lui.
f. Elle n'a aucun problème.

1	2	3	4	5	6

UNITÉ 2
L'Amant
(Marguerite Duras)

Exercice 14

Lisez les propos de chaque candidate puis répondez aux questions.

Madame Cellier cherche une baby-sitter pour garder ses enfants le mercredi après midi et certains soirs. Elle a vu plusieurs candidates, voilà ce qu'elles ont dit.

Cécile : « Tous les samedis, je m'occupe de mon petit frère. J'adore jouer avec lui mais quand on joue ensemble, je ne sais pas pourquoi, il pleure tout le temps. »

Louise : « Je n'ai jamais fait de baby-sitting mais je pense que ce n'est pas très compliqué. Il suffit de mettre les enfants devant la télé, non ? »

Alice : « Je garde des enfants depuis 2 ans et le soir, je leur raconte toujours des histoires pour qu'il fasse de beaux rêves. »

Élodie : « Je garde souvent la fille de mes voisins, elle a trois ans. On s'amuse bien. On mange des glaces pour le dîner et on regarde la télé jusqu'à minuit. »

1. Madame Cellier doit-elle rester sur ses gardes avec Cécile ? Expliquez.
   ....
2. Pourquoi a-t-elle de sérieux doutes sur les compétences de Louise ?
   ....
3. Madame Cellier peut-elle avoir confiance en Alice ? Pourquoi ?
   ....
4. Peut-elle se fier à Élodie ? Expliquez.
   ....
5. À la place de madame Cellier, qui auriez-vous choisi ?
   ....

Exercice 15

En vous aidant du tableau, faites des phrases pour expliquer dans quels domaines les Français ont ou n'ont pas confiance en leur gouvernement.

La confiance accordée au gouvernement dans différents domaines

Question : Pour chacun des domaines suivants, faites-vous tout à fait confiance, plutôt confiance, plutôt pas confiance ou pas confiance du tout au gouvernement ?

	Tout à fait confiance	Plutôt confiance	Plutôt pas confiance	Pas confiance du tout	**TOTAL** confiance	**TOTAL** pas confiance
	(%)	(%)	(%)	(%)	(%)	(%)
La lutte contre l'insécurité	9	53	20	18	**62**	**38**
La lutte contre le racisme et l'antisémitisme	12	50	20	17	**62**	**37**
La lutte contre la pauvreté et l'exclusion	4	31	31	33	**35**	**64**
La lutte contre le chômage	3	28	34	35	**31**	**69**
La baisse des impôts	5	22	32	40	**27**	**72**
L'augmentation du pouvoir d'achat	3	22	31	44	**25**	**75**

Sondage Ifop - *Dimanche Ouest France* • Le 2 janvier 2005.

UNITÉ 2
L'Amant
(Marguerite Duras)

1. (9 %)
....

2. (50 %)
....

3. (35 %)
....

4. (34 %)
....

5. (72 %)
....

6. (44 %)
....

LES MOTS DE LA LANGUE COURANTE
Livre de l'élève pages 30 et 31

Écoutez les phrases et complétez le tableau en notant le numéro de la phrase qui correspond.

français standard	français familier
C'est le travail de policier qui me fait faire ça.	phrase n° ......
Je ne comprends pas.	phrase n° ......
Vous n'avez pas du tout l'air d'être un policier.	phrase n° ......
Il faudrait être stupide pour voler une moto.	phrase n° ......
Tu es de la police ?	phrase n° ......
Tu as remarqué que j'étais en train de la voler.	phrase n° ......

Exercice 17

Complétez les phrases avec les mots suivants :
les keufs • le boulot • piqué • la bécane • la tronche • pigé

1. T'as vu .... que t'as ce matin, t'as l'air épuisé !
2. Il est où, mon sac à dos ? Je suis sûr que c'est encore Antoine qui me l'a ....
3. J'aime bien .... que je fais en ce moment et en plus mon nouveau patron est super sympa.
4. T'as pas oublié qu'ici, la limitation de vitesse, c'est 90 km/h ! Si .... sont là, ils vont t'arrêter.
5. Je t'ai déjà expliqué 4 fois comment aller au Château Rocher et t'as toujours rien .... ! T'es sourd ou quoi ?
6. T'as vu .... du frère de Matthieu ? Elle est géniale ! J'espère que je pourrai aller faire un p'tit tour avec lui.

LA MUSIQUE DE LA LANGUE
Livre de l'élève page 31

Écoutez les phrases puis rayez les *ne* non entendus.

1. Elle ne veut pas prendre rendez-vous chez le médecin.
2. Tu ne manges jamais de chocolat !
3. Nous ne partirons pas demain matin.
4. Vous n'avez jamais vu ce film.
5. Hier soir, il n'avait pas envie d'aller au ciné.
6. Je ne parle pas très bien français.
7. Cette fois, on ne voyagera pas en train.
8. Elles n'ont vraiment peur de rien.

UNITÉ 2
L'Amant
(Marguerite Duras)

Cochez la phrase que vous avez entendue.

Exemple : ☐ Je ne vais pas venir.
☒ Je n̶e vais pas v̶enir.

1. ☐ J̶e suis en r̶etard
   ☐ Je suis en retard
2. ☐ On se voit d̶emain.
   ☐ On s̶e voit d̶emain.
3. ☐ R̶egarde ma p̶etit̶e sœur !
   ☐ Regarde ma p̶etit̶e sœur !
4. ☐ J̶e sais pas si j̶e reviendrai.
   ☐ J̶e sais pas si je r̶eviendrai.
5. ☐ J̶e reviens de Paris sam̶edi.
   ☐ J̶e reviens d̶e Paris sam̶edi.
6. ☐ J̶e les ai r̶etrouvés boul̶evard Picasso.
   ☐ J̶e les ai retrouvés boul̶evard Picasso.

Ecoutez les phrases et cochez les réponses qui conviennent.

	1	2	3	4	5	6
français standard						
français familier						

ARRÊT SUR IMAGE

Livre de l'élève pages 32 et 33

Exercice 21

Lisez le texte puis répondez aux questions.

Paris, le 19 mai 2004

Avez-vous le CV de l'emploi ?

**Une étude exclusive ADIA / Jean-François Amadieu
sur la discrimination à l'embauche.**

ADIA, 4ᵉ réseau national de travail temporaire, et le professeur Jean-François Amadieu, ont réalisé la première enquête de « testing » pour étudier les critères des entreprises dans la sélection des curriculum vitae qu'elles reçoivent. Plus de 1 800 faux CV ont été envoyés sur la période du 13 avril au 14 mai 2004, en réponse à 258 offres d'emploi de postes de commerciaux. Les conclusions sont accablantes.

L'enquête a été réalisée sur la base de sept CV différents. Un CV de référence et six autres se différenciant simplement par une variable : le sexe, l'origine ethnique (Maghreb/France), l'âge, le handicap, le lieu de résidence, le visage (beau/disgracieux).

UNITÉ 2
L'Amant
(Marguerite Duras)

Voici les caractéristiques des sept CV :

(1). **Homme, nom et prénom français, réside à Paris, blanc de peau, apparence standard.**
On peut parler de « CV de référence ».

(2). **Femme**, nom et prénom français, réside en région parisienne, blanche de peau, apparence standard.

(3). Homme, **nom et prénom maghrébin (Maroc)**, réside à Paris, apparence standard.

(4). Homme, nom et prénom français, réside en banlieue parisienne (Mantes-la-Jolie), blanc de peau, apparence standard.

(5). Homme, nom et prénom français, réside à Paris, blanc de peau, **visage disgracieux**.

(6). Homme, nom et prénom français, réside à Paris, blanc de peau, apparence standard, **50 ans**.

(7). Homme, nom et prénom français, réside en région parisienne, blanc de peau, apparence standard, **handicapé**.

La première victime de discrimination à l'embauche est la **personne handicapée**, à peine 2 % de réponses positives à son CV, soit 15 fois moins que le candidat référent. Il faut noter que la nature de son handicap n'était pas précisée sur son CV. Apparemment les potentiels employeurs n'ont pas jugé utile de le connaître avant de passer son CV à la trappe.

Vient ensuite **le candidat maghrébin** avec 5 % de réponses positives. En substance, les explications recueillies par téléphone ne sont que trop connues : le poste est déjà pourvu...

Troisième position : **le candidat âgé de 50 ans** qui obtient 4 fois moins de réponses que le candidat de référence. Il est dans le trio « perdant » avec seulement 8 % de réponses positives. Au passage, les offres d'emploi elles-mêmes discriminent sur l'âge. Elles sont même illégales pour 17 % d'entre elles. **Le candidat au visage disgracieux** n'obtient quant à lui que 13 % de réponses positives. Également discriminé, **le candidat qui n'habite pas à la bonne adresse**... Le quartier, la ville ont un impact fort. Le taux de réponses positives tombe à 17 %. Les profils « standards », **l'homme référent et la femme**, sont ceux qui obtiennent le plus de réponses positives : 29 % pour l'homme référent et 26 % pour la femme. Le peu de différence dans les résultats obtenus entre l'homme et la femme tient sans doute au profil du poste recherché.

L'égalité des chances à l'embauche : apparemment il y a encore du boulot ! Une solution : ne pas se fier aux apparences mais avant tout se fier aux compétences.

www.adia.fr

1. Quel était le but de cette « enquête » ?
2. Quelle est la particularité des CV envoyés ?
3. Qu'appelle-t-on le « CV de référence » ?
4. Qui est la première victime de discrimination à l'embauche ? Que peut-on dire sur le recrutement de ces personnes ?
5. Qu'apprend-t-on de la discrimination à l'embauche sur l'âge ?
6. Pensez-vous que la dernière phrase : « ne pas se fier aux apparences mais avant tout se fier aux compétences » soit vraie pour tous les métiers ? Justifier votre opinion en donnant des exemples.

(Inter)agir à propos d'émotions, de sentiments

module 2 — UNITÉ 3 — Famille

Livre de l'élève pages 40 et 41

Exercice 1

Écoutez puis répondez aux questions.

1. Qui est Christine-Laure Anton ?......................
2. Où se passe cette discussion ? ....
3. De quoi parle-t-on aujourd'hui ? ....
4. Comment Christine-Laure qualifie-t-elle le mot « famille » ? ....
5. Qu'est-ce que la famille pour elle ? ....
6. Citez deux types de nouvelles familles qu'on voit apparaître depuis quelque temps. ....
7. Pourquoi Christine-Laure considère-t-elle que « famille » est un mot plein d'amour ? ....
8. Quelle est, dans les nouvelles familles décrites par Christine-Laure, la conséquence sur les liens entre les membres de la famille ? ....

Exercice 2

Remettez ce dialogue dans le bon ordre.

a. – Tu dis n'importe quoi. Enfin, Brigitte, je suis toujours agréable avec toi !
b. – Mais tu es où ? Je m'inquiète depuis hier soir, je n'ai pas dormi de la nuit...
c. – Je n'en sais rien. Tu verras bien !
d. – Mais combien de temps, au juste ?
e. – Mais non... bien sûr que non. J'en ai juste marre de notre relation pourrie.
f. – Louis Girault, bonjour.
g. – Ne t'inquiète pas. Je suis loin de Paris.
h. – Louis, c'est moi...
i. – Comment ça ? Mais on s'entend bien, non ? Je t'aime moi, ma chérie...
j. – Difficile ? Tu n'as quand même pas rencontré quelqu'un d'autre ?
k. – Ça, ça fait au moins 6 mois que tu me l'avais pas dit ! Il faut que je parte pour entendre des mots gentils de ta part.
l. – Ah bon ? Mais ça ne me dit pas où tu es, ça ! Et pourquoi tu es partie, d'abord ?
m. – Moi, je trouve pas et j'ai besoin de réfléchir quelque temps.
n. – Bah... C'est difficile à dire...

EXPRIMER SA COLÈRE/RÉAGIR À LA COLÈRE DE QUELQU'UN

Livre de l'élève pages 42 et 43

Exercice 3

Associez un élément de chaque colonne pour construire des phrases qui expriment la colère.

1. J'en ai vraiment
2. Ce n'est pas
3. Qu'est-ce qu'il peut être
4. Pas la peine d'en faire tout
5. Ça commence à
6. N'en faites donc pas toute
7. Ça ne vaut pas le coup de

a. vous énerver comme ça !
b. une affaire.
c. assez !
d. un drame, quand même !
e. pénible, ce type !
f. un plat, hein !
g. bien faire !

1	2	3	4	5	6	7

UNITÉ 3
Famille

Exercice 4

Écoutez et relevez les expressions utilisées pour exprimer la colère et pour réagir à la colère de quelqu'un.

dialogue	exprimer sa colère	réagir à la colère
1	....	....
2	....	....
3	....	....
4	....	....

Exercice 5

Lisez le texte puis cochez la réponse qui convient.

Surmonter la colère
par Bruno Fortin, psychologue

Maurice était convaincu de pouvoir régler cette dispute conjugale de la façon habituelle jusqu'à ce que Denise quitte la maison avec les enfants. Elle ne veut plus tolérer sa façon de parler fort, de serrer les poings et de faire des menaces.

Cela fait d'autant plus mal à Maurice qu'il doit admettre qu'il a été trop loin. La fessée qu'il voulait donner à son fils Pierre-Luc a été plus forte que prévue. Il ne se rendait plus compte de ce qu'il faisait. Comme il le regrette ! Sa vie n'a plus de sens sans sa famille. Il veut vraiment changer.

Ce n'est pas d'hier que Maurice fait des colères. Enfant, il faisait des crises terribles lorsque les choses ne se produisaient pas comme il le souhaitait. Il n'a jamais appris à tolérer la frustration. Sa mère évitait de le contrarier, et son père faisait des colères encore pire que les siennes. Il a grandi avec l'impression que face aux situations désagréables, il faut réagir agressivement, sans quoi les gens en profitent.

Que peut faire Maurice pour surmonter sa colère ? Il peut d'abord s'observer afin de mieux la comprendre. C'est ainsi qu'il se rend compte que certaines situations le font réagir d'une façon excessive. Il s'agit des situations où il a l'impression que son honneur est mis en cause. Derrière sa façade de dur à cuire, Maurice ne s'aime pas beaucoup. Il doute de lui-même au point de considérer la moindre contrariété comme un défi qui remet en question sa dignité. En apprenant à s'aimer, il aura moins souvent à se défendre inutilement. [...]

Rappelons ici que la colère est une émotion légitime qui a sa place chez tout être humain. Elle nous amène à réagir lorsque nos besoins de base sont frustrés. Elle nous donne de la force. Elle nous informe qu'il y a une distance entre nos attentes et notre perception de la situation actuelle.

http://www.psychologue.levillage.org/C.html

	vrai	faux	on ne sait pas
1. Denise était calme et douce.			
2. Maurice a donné une fessée à son fils.			
3. Maurice n'a pas l'intention de changer ses comportements avec sa famille.			
4. Quand il était petit, Maurice était déjà très coléreux.			
5. Le père de Maurice évitait de contrarier son fils.			
6. Certaines situations font réagir Maurice de façon exagérée.			
7. Maurice est très content de lui-même.			
8. La colère est une émotion qu'on ne peut pas accepter.			

UNITÉ 3
Famille

LA MUSIQUE DE LA LANGUE

Livre de l'élève page 43

Écoutez et dites si la personne qui répond est contente ou plutôt en colère. Complétez le tableau.

	1	2	3	4	5	6
contente						
en colère						

Lisez ces dialogues en prenant soin de bien marquer l'intonation selon le sens. Vérifiez ensuite avec l'enregistrement.

1. – Le patron demande que nous nous réunissions tous en salle de réunion à 12 heures.
   – Ouais ! Super ! Et on déjeune quand ? Il est drôle, lui !
2. – Non, non, non, c'est insupportable ! Je ne retournerai plus au cinéma avec toi. Tu aimes les films violents et pas moi !
   – Calme-toi, ce n'est pas ça, la violence...
3. – Voilà... Chambre 208 pour vous, Madame. Vous avez le sauna ici à droite et la piscine est sur le même étage, au bout du couloir. Pour vous accueillir, voici un petit cocktail de fruits et quelques biscuits.
   Bon appétit !
   – Alors là... rien à redire... Parfait !

Exercice 8

À votre tour, créez un dialogue avec chacune des expressions proposées. Choisissez le contexte et pensez bien à l'intonation que prendront les personnes. Écrivez puis lisez vos dialogues.

C'est terrible !
– ....
– ....
– ....
– ....

Bravo, vous avez tout gagné !
– ....
– ....
– ....
– ....

LE SUBJONCTIF

Livre de l'élève pages 44 et 45

Exercice 9

Mettez les verbes entre parenthèses au subjonctif présent ou passé.

1. Je regrette beaucoup que vous (ne pas venir) .... à mon anniversaire samedi dernier.
2. Notre professeur voudrait bien que nous (faire) .... notre exposé mardi matin.
3. Je suis triste que Jean-Luc (ne pas m'appeler) .... quand il est passé à Paris.
4. Il ne faut pas que tu (attendre) .... plus longtemps pour envoyer ta demande d'emploi.

UNITÉ 3
Famille

5. Je doute un peu qu'on (pouvoir) .... encore entrer au musée, il est 17 h 45 !
6. Je n'apprécie pas que tu (donner) .... mon numéro de téléphone à cette fille. Tu aurais pu me demander mon avis !
7. Je vais prendre un petit café en attendant que le magasin (vouloir) .... bien ouvrir ses portes.
8. D'habitude, Nina est toujours rentrée à cette heure-ci. J'ai peur qu'elle (avoir) .... encore un souci avec sa vieille voiture.

Exercice 10

Transformez ces phrases en utilisant le subjonctif ou l'infinitif.

Exemple : Max et Catherine ne sont plus fâchés. C'est beaucoup mieux.
→ C'est beaucoup mieux que Max et Catherine ne soient plus fâchés.

1. J'ai enfin ma nouvelle voiture. Je suis content !
2. Il me disait des mots rassurants. Ça me faisait toujours beaucoup de bien.
3. Il pleut tout le temps dans cette région. J'en ai marre !
4. Je ne peux pas vous aider. Je regrette, Monsieur.
5. Viens avec moi prendre un verre. Ça me ferait plaisir.
6. Pierre a reçu ses billets d'avion. Il est soulagé.
7. Dominique me prend toujours en photo. Je déteste ça.
8. Je les appelle deux fois par semaine. J'aime bien.

Exercice 11

Reliez ces phrases en utilisant le subjonctif passé.

1. Notre fille a réussi ses examens. Nous sommes fiers.
2. J'ai encore oublié mes clés. Le gardien n'est pas content.
3. Le directeur général ne veut pas les recevoir. Les délégués du personnel le déplorent.
4. Ils n'ont pas encore répondu à mon courrier. Je suis en colère.
5. Cette année, le chiffre d'affaire de notre entreprise a chuté. Nous sommes inquiets.
6. Son bébé est né avant qu'il arrive à l'hôpital. Il était un peu triste.

Exercice 12

Imaginez une fin à chacune de ces phrases.

1. Je suis furieux que ....
2. J'en ai marre que ....
3. Je suis vraiment en colère que ....
4. Ce n'est pas la peine que ....
5. Je voudrais bien que ....
6. Il faut absolument que ....
7. J'ai très peur que ....
8. Je ne crois pas que ....

Exercice 13

Associez et reconstituez six phrases correctes.

1. Je pense
2. Toi qui les connais bien, est-ce que tu es sûre
3. Non, ils ne croient pas
4. Je ne suis pas certaine
5. Pensez-vous
6. Jean-Marc n'est pas sûr

a. d'être assez compétent pour le poste.
b. que nous pouvons leur demander ça ?
c. que les syndicats s'opposeront à ce projet.
d. d'avoir totalement compris ce discours.
e. qu'on puisse douter de leur parole.
f. que je puisse rencontrer monsieur Li la semaine prochaine ?

1	2	3	4	5	6

UNITÉ 3
Famille

Exercice 14

Complétez avec le verbe entre parenthèses à l'indicatif présent ou au subjonctif présent.

1. J'ai découvert une jolie petite ville qui (être) .... peu visitée et dans laquelle je (pouvoir) .... retourner souvent parce qu'elle n'est pas très loin de chez moi.
2. J'imagine une jolie ville qui (être) .... très calme et dans laquelle on (pouvoir) .... se promener à toute heure.
3. Ça y est, on a trouvé de beaux fauteuils qui (paraître) .... confortables et qui ne (être) .... pas trop encombrants.
4. On aimerait trouver des fauteuils qui (être) .... suffisamment confortables mais qui ne (prendre) .... pas trop de place.
5. Il aimerait trouver un travail qui (être) .... bien payé et pour lequel il (pouvoir) .... choisir ses horaires…
6. Pierre-Jean a trouvé un travail qui (ne pas correspondre) .... vraiment à ses attentes mais qui lui (plaire) .... quand même.

Exercice 15

Imaginez une suite.

1. Lola est la meilleure danseuse que ....
2. Cet enfant est le seul qui ....
3. Je crois que c'est la seule dont ....
4. Là, c'était l'endroit le pire où ....
5. Dominique est l'unique personne qui ....

EXPRIMER LA JOIE/LA TRISTESSE — INTERROGER SUR LA JOIE/LA TRISTESSE

Livre de l'élève pages 46 et 47

Exercice 16

Relisez le conte (page 46 de votre livre) puis cochez les réponses qui conviennent.

1. Jonathan est
   - en colère puis heureux.
   - triste puis heureux.
   - triste puis en colère.
2. Le vieil homme est
   - froid et méchant.
   - malade et dur.
   - chaleureux et généreux.
3. L'étoile que l'homme offre à Jonathan
   - lui apportera de l'argent.
   - lui apportera de la chaleur.
   - lui apportera de la chance.
4. Jonathan reçoit
   - de la monnaie et du pain.
   - de la monnaie et une couverture.
   - une couverture et des chiffons.
5. La petite fille a surtout besoin
   - de bonbons.
   - d'amitié.
   - de pain.

Exercice 17

En quelques lignes, racontez l'essentiel de cette histoire. Complétez.

Un soir de Noël, dans les rues glaciales de l'Angleterre, ...
Il rencontre un homme ....
Jonathan découvre une petite fille ....
Ils partent tous les deux, heureux comme ils ne l'ont pas été depuis longtemps.

UNITÉ 3
Famille

Exercice 18

Complétez ces dialogues en interrogeant sur la joie et la tristesse ou en exprimant la joie et la tristesse.

1. – ....
   – Tu as raison, je ne sais pas pourquoi mais
   ....
2. – .... ?
   – Rien, tout va bien. Pourquoi ?
3. – ....
   – Oui, c'est possible, ...

4. – .... ?
   – Non aucun. Je suis juste un peu fatigué, c'est tout.
5. – .... !
   – Oui, c'est possible, j'ai mal dormi cette nuit, et puis ....

Exercice 19

Écoutez et retrouvez si les personnes expriment la joie ou la tristesse. Cochez les cases qui conviennent.

	exprime sa joie	exprime sa tristesse
1.		
2.		
3.		
4.		
5.		
6.		

Exercice 20

Lisez ces phrases qui expriment toutes une forme de tristesse puis complétez le tableau.

1. J'adore la France mais parfois, je suis un peu mélancolique parce que mon pays me manque.
2. La petite Juliette est inconsolable depuis que son chat a disparu ; elle pleure tout le temps et elle a perdu l'appétit.
3. Je suis désolée de ne pas pouvoir vous recevoir ce week-end ; quel dommage !
4. Laura est déprimée en ce moment, elle n'a plus sa joie de vivre.
5. Oui, oui, ça va ; je suis juste un peu chagrinée car j'ai perdu mes clés et je dois toutes les faire refaire.
6. Aujourd'hui, je suis plutôt maussade, comme le temps ! J'ai envie de pleurer...
7. Pauvre Louis, il cherche du travail depuis si longtemps ! Je l'ai vu hier et il était désespéré.
8. Parfois je suis un peu nostalgique de ma vie d'étudiant. Qu'est-ce que c'était bien !

	nostalgique	désolé	maussade	inconsolable
mot de sens équivalent	....	....	....	....

Exercice 21

Classez cette suite d'adjectifs, du moins triste au plus triste.

chagriné • inconsolable • déprimé • triste

.... < .... < .... < ....

UNITÉ 3
Famille

Exercice 22

Vous rencontrez un de vos amis qui n'a pas l'air de bien aller. Vous l'interrogez et il vous explique que son pays lui manque beaucoup. Il vit en France depuis deux ans et adore ce pays mais c'est parfois difficile pour lui d'être loin de son Mexique natal. Écrivez le dialogue.

– ....
– ....
– ....
– ....

LE PASSÉ SIMPLE

Livre de l'élève pages 48 et 49

Exercice 23

Écrivez les verbes entre parenthèses au passé simple.

1. À l'écoute de la nouvelle, Clarisse ne (pouvoir) .... retenir ses larmes.
2. Dès que la nuit (tomber) ...., les hommes (rentrer) .... dans leur cabane.
3. Ce (être) .... un grand plaisir de passer cette soirée avec vous.
4. Au loin, nous (voir) .... un berger rentrer ses moutons.
5. Dès qu'ils (entendre) .... l'alerte, ils (courir) .... jusqu'aux maisons.
6. Chacun (faire) .... des efforts pour contenir ses émotions.
7. Ils (se mettre) .... au travail sans plus attendre.
8. Il (falloir) .... beaucoup de temps pour que tout le monde finisse ce travail.

Exercice 24

a) Pour chacune de ces inventions, écrivez une phrase en mettant au passé simple le verbe proposé.

(être) Nicéphore Niepce – l'inventeur de la photographie en 1826.
(découvrir) Pierre et Marie Curie – le radium en 1903.
(mettre au point) Don Pérignom – le procédé de fabrication du Champagne au XVIIe siècle.
(inventer) Louis Pasteur – le vaccin contre la rage en 1885.
(construire) Denis Papin – la première machine à vapeur en 1707.
(fabriquer) Louis Braille – avec des points en relief, un alphabet pour les aveugles.
(créer) Les frère Lumière – le cinématographe en 1895.

b) Écrivez quelques phrases pour décrire les découvertes de votre pays.

....
....
....
....

UNITÉ 3
Famille

Exercice 25

Complétez le passage suivant avec les verbes qui conviennent au passé simple.
crier • manquer • se précipiter • grimacer • faire • être • supplier • donner • se désoler • répéter

« Il .... un geste brusque pour la pousser à sa place et, voulant passer son bras au-dessus d'elle, ... son but et lui .... un grand coup derrière la tête.
– Misère ! Je ne vous ai pas fait mal au moins ? Comme je suis maladroit, vraiment, je vous prie de m'excuser... Je...
– Pas de problème, ... -elle pour la troisième fois. Il ne bougeait pas.
– Euh...........-t-elle enfin, est-ce que vous pouvez enlever votre pied parce que vous me coincez la cheville, là, et j'ai extrêmement mal... Elle riait. C'était nerveux.
Quand ils .... dans le hall, il .... vers la porte vitrée pour lui permettre de passer sans encombre :
– Hélas, je ne monte pas par là, ...-t-elle en lui indiquant le fond de la cour.
– Vous logez dans la cour ?
– Euh... pas vraiment... sous les toits plutôt...
– Ah ! parfait... Il tirait sur l'anse de son sac qui s'était coincé dans la poignée en laiton. Ce... Ce doit être bien plaisant...
– Euh... oui, ...-t-elle en s'éloignant rapidement, c'est une façon de voir les choses...
– Bonne soirée mademoiselle, lui ....-t-il, et... saluez vos parents pour moi ! »

Ensemble, c'est tout (2004), Anna Gavalda, Éditions le Dilettante (pp. 32-33).

(Inter)agir à propos d'émotions, de sentiments

UNITÉ 4 — Peurs

Module 2

Livre de l'élève pages 52 et 53

Exercice 1

Complétez les phrases avec des mots de cette liste. Faites les accords nécessaires.

une alarme • un défi • une gourmandise • un manège • une perte • apprivoiser • concerner • éprouver • s'exercer • fouiller • hésiter • se nourrir • publier • rassurer • sécuriser • toucher

1. Après le contrôle des passeports, des policiers ont .... ma valise.
2. C'est normal qu'elle ait gagné : elle .... tous les jours, mais moi non.
3. Notre entreprise se lance aujourd'hui dans .... considérable : vendre nos produits sur le marché japonais. Ce sera difficile, mais nous pouvons le faire.
4. Oh ! oui, je te comprends très bien. Moi aussi, je .... toujours une certaine angoisse quand je suis seule dans un endroit que je ne connais pas beaucoup.
5. Après la naissance de votre troisième enfant, vous allez .... 262,49 € par mois d'allocations familiales.
6. Pour éviter les vols, le magasin a installé un système de .... à la sortie.
7. L'écologie et la protection de la nature sont des questions qui nous .... tous.
8. Il faut toujours .... les clients inquiets en leur apportant l'information dont ils ont besoin.

EXPRIMER SA PEUR ET SON INQUIÉTUDE

Livre de l'élève pages 54 et 55

Exercice 2

Complétez les phrases avec les mots proposés. Faites les accords nécessaires.

avoir peur • faire peur • s'inquiéter • angoisser • effrayant

1. Tu as vu le prix des maisons en centre ville ? C'est .... ! Il a doublé en dix ans.
2. Elle voudrait changer de travail mais elle .... de ne pas trouver un emploi aussi bien payé.
3. Bon, ça va maintenant, arrête, tu .... aux enfants, ils vont faire des cauchemars cette nuit.
4. Ah, oui, ça, ce n'est pas normal : je n'ai pas encore reçu votre dossier. Mais, ne .... pas : je vais certainement l'avoir avant la fin de la semaine !
5. Je ne sais pas si c'est une bonne idée qu'il parte là-bas en ce moment. En temps normal, les conditions de vie sont déjà difficiles, mais, là, en plus avec tous les problèmes politiques ! Ça me .... vraiment.

Exercice 3

Complétez les phrases avec *de, du, des, que, pour*.

1. J'ai toujours peur ...... il lui arrive quelque chose.
2. Ça m'angoisse ...... devoir conduire la nuit.
3. Ça te n'inquiète pas ...... il parte tout seul aussi loin ?
4. J'avoue que ça m'effraie un peu ...... avoir à emprunter 150 000 €.

UNITÉ 4
Peurs

5. Vous vous inquiétez ...... votre commande ? Téléphonez au : 08 25 79 25 79.
6. Nous vivons relativement bien actuellement, mais j'ai peur ...... la vie de nos enfants dans 20 ou 30 ans.
7. Je crains ...... nous arrivions trop tard pour nous opposer au projet.
8. Non, non, moi, je ne monte pas, j'ai peur ...... vide.
9. Si vous vous inquiétez ...... votre fille, cela prouve que vous vous intéressez à elle.

Exercice 4

Retrouvez le verbe qui correspond à chaque nom puis écrivez une phrase avec chaque verbe.

1. la terreur → .... → ....
2. la crainte → .... → ....
3. la frayeur → .... → ....
4. l'inquiétude → .... → ....
5. l'angoisse → .... → ....

Exercice 5

Écoutez l'entretien et répondez.

1. Pourquoi y avait-il beaucoup d'inquiétude dans l'entreprise de Michel, il y a deux ans ?
2. Pourquoi Michel était-il particulièrement inquiet il y a deux ans ?
3. Que s'est-il passé au mois de février ?
4. Pourquoi, au début de son chômage, Michel n'était-il pas très angoissé ?
5. Pourquoi, après six mois, a-t-il commencé à avoir vraiment peur ?
6. Pourquoi est-il vraiment très inquiet maintenant ?

Exercice 6

Lisez le texte et répondez aux questions page 34.

Vaincre les phobies

Les ascenseurs, les parkings, les rats, les ponts... sont autant de facteurs pouvant générer des phobies. Souvent, ces peurs irraisonnées gâchent la vie de ceux qui en souffrent. Quelles en sont les causes ? Comment faire pour s'en débarrasser ?

Les phobies sont des craintes irraisonnées, irrationnelles et bien souvent considérées par les phobiques eux-mêmes comme exagérées. Elles sont, en général, liées à une situation ou un ensemble de situations, à un lieu ou à un objet. Incontrôlables, elles provoquent des modifications du comportement au moment de la confrontation avec une anxiété ou une peur intense. On considère que la peur est anormalement gênante quand il y a une souffrance, des évitements ou une modification du comportement.

Des phobies sous contrôle

Différents types de phobies existent. Elles se définissent par l'objet qui déclenche la peur. Les phobies simples (peur d'une chose ou d'une situation) sont très répandues puisqu'elles touchent 5 à 10% de la population. Elles sont souvent sans incidence, car les personnes qui en souffrent réussissent à les contrôler.

L'agoraphobie (peur des grands espaces) concerne 5 % de la population. Les formes les plus graves de phobies notamment les phobies sociales (crainte des gens, du regard et de la présence de l'autre) handicapent entre 3 à 5 % de la population française. Elles se manifestent par des pertes importantes de confiance en soi.

UNITÉ 4
Peurs

Des causes multiples

L'origine des phobies est très variable. Elles peuvent être liées à des événements traumatisants venant souvent de l'enfance ou de l'adolescence ou à des situations de peur intense qui n'ont pu être dépassées. Les phobies sociales, par exemple, peuvent être liées à des situations vécues par le passé telle une prise de parole en public qui s'est mal passée. Les craintes peuvent également s'être installées progressivement avec des causes multiples qu'il est parfois difficile à déterminer.

Un traitement progressif

Dans le cas d'une peur des oiseaux par exemple, le psychiatre ou le psychologue va d'abord travailler dans le cadre de séances de relaxation sur l'image de l'animal en question : comment le patient l'imagine-t-il ? Le travail s'effectuera par paliers afin de ne pas brusquer les choses. Il portera sur une acceptation de l'animal en se servant de photos puis par des contacts progressifs avec lui. Des techniques de contrôle de l'anxiété pourront venir renforcer ce travail.

Pour l'agoraphobie, les psychothérapies comportementales peuvent être d'un grand secours. Dans le cas des phobies sociales, le traitement s'effectuera par le biais de thérapies cognitives. Cela permet de travailler sur la façon de se percevoir et de percevoir les autres. Il faut toujours que les choses se fassent de façon progressive sous peine de renforcer les craintes au lieu de les soigner.

D'après Ayla Seugon

---

1. Le chapeau du texte constitue une sorte de résumé de l'article. À quel paragraphe du texte (1, 2, 3 ou 4) correspond chacune des phrases du chapeau ?

– Les ascenseurs, les parkings, les rats, les ponts… sont autant de facteurs pouvant générer des phobies. → paragraphe n° ....

– Souvent, ces peurs irraisonnées gâchent la vie de ceux qui en souffrent. → paragraphe n° ....

– Quelles en sont les causes ? → paragraphe n° ....

– Comment faire pour s'en débarrasser ? → paragraphe n° ...

2. Les peurs ou les craintes irraisonnées sont des peurs
☐ qui n'ont pas de raisons, pas de causes.
☐ qu'une personne ne peut pas contrôler avec sa raison, avec son esprit.
☐ qui ne sont pas raisonnables, qui ne sont pas acceptables par la société.

3. D'après le texte, une personne qui a peur des araignées souffre :
☐ d'une phobie simple   ☐ d'une agoraphobie   ☐ d'une phobie sociale

4. Quelle peut être la conséquence d'une phobie sociale chez une personne ?
....

5. Quelles sont les trois types d'exercices donnés dans le texte qui permettent de soigner la phobie d'un animal ?
– ....
– ....
– ....

6. Sur quoi doit-on réfléchir quand on a une phobie sociale ?
....

7. Quelles sont les réponses aux deux questions du chapeau :
– Quelles en sont les causes ?
....
– Comment faire pour s'en débarrasser ?
....

UNITÉ 4
Peurs

Exercice 7

Un magazine recherche des anecdotes sur les peurs et les angoisses. Utilisez une des deux situations suivantes pour écrire un récit d'une angoisse que vous avez éprouvée. Expliquez ce que vous avez ressenti dans la situation et comment vous vous êtes comporté(e). (150 à 200 mots)

1. Vous aviez rendez-vous avec votre ami à 17 heures à la sortie d'un musée de Marseille. À 19 heures, le musée était fermé, et votre ami n'était pas rentré à l'hôtel (vous aviez téléphoné pour vérifier). Votre ami ne connaissait pas la ville et ne parlait pas français. Vous avez contacté la police.

2. Il était 9 h 30 et vous veniez de monter dans un taxi qui vous conduisait à l'aéroport. Si le taxi mettait plus de 45 minutes pour rejoindre l'aéroport, vous ne pourriez pas prendre votre avion. Sur le chemin de l'aéroport, il y avait beaucoup de voitures et le taxi était obligé de rouler très doucement. Vous aviez peur de manquer votre avion.

EXPRIMER LA CAUSE ET LA CONSÉQUENCE

Livre de l'élève pages 56 et 57

Exercice 8

Transformez les phrases avec le participe présent, comme dans l'exemple.

exemple : Elle ne se sent pas très bien. Elle préfère rester à la maison.
→ *Ne se sentant pas très bien, elle préfère rester à la maison.*

1. Tu n'as pas les diplômes demandés. Tu as peu de chances d'être accepté. → ....
2. Je dois m'absenter. Je ne pourrai pas vous voir vendredi comme nous l'avions prévu. → ....
3. Vous avez signé le contrat. Vous êtes obligé de le respecter. → ....
4. Nous n'arrivions pas à vous joindre par téléphone. Nous avons préféré venir voir si tout allait bien. → ....
5. Il a raté son train. Il est arrivé trop tard à l'aéroport et il a aussi raté son avion. → ....
6. Elle ne parlait pas allemand. Elle était un peu angoissée de devoir aller en Autriche pour toute une année. → ....

Exercice 9

Transformez les phrases avec le participe présent de deux manières différentes, comme dans l'exemple.
exemple : Claire ne connaît pas la ville. Elle va prendre un taxi.
  a. *Claire ne connaissant pas la ville, elle va prendre un taxi.*   b. *Ne connaissant pas la ville, Claire va prendre un taxi.*

1. Guillaume a toujours très peur en avion. Il ne voyage pas beaucoup.
  a. ....   b. ....
2. Le directeur sera en Espagne la semaine prochaine. Il ne pourra pas vous recevoir.
  a. ....   b. ....
3. Katarzyna a trouvé un travail à Brest. Elle ne va pas rentrer en Pologne.
  a. ....   b. ....
4. L'entreprise n'avait plus d'argent. Elle a été obligée de fermer.
  a. ....   b. ....
5. Madame Lupin n'a pas encore reçu votre lettre. Elle aimerait que vous l'appeliez.
  a. ....   b. ....
6. Les employés n'ont pas obtenu l'augmentation de salaire qu'ils demandaient. Ils ont décidé de faire grève.
  a. ....   b. ....

UNITÉ 4
Peurs

Exercice 10

Transformez les phrases avec le participe présent, comme dans l'exemple.

exemple : Mon ordinateur est tombé en panne. Je n'ai pas pu finir mon travail.
→ Mon ordinateur **étant** tombé en panne, je n'ai pas pu finir mon travail.

1. Les chauffeurs de bus étaient en grève. Je suis venu à pied. → ....
2. Les ouvriers ont pris du retard. L'appartement ne sera pas prêt avant le 15 février. → ....
3. Claire travaille maintenant à Strasbourg. On ne se voit plus très souvent. → ....
4. La photocopieuse connaît régulièrement des problèmes. Il faudrait la remplacer par une nouvelle. → ....
5. Les fruits sont fragiles. Vous êtes priés de ne pas les toucher. → ....
6. Le prix des métaux a beaucoup augmenté depuis trois ans. Tous les produits qui contiennent des métaux sont en conséquence beaucoup plus chers. → ....

Exercice 11

Faites une seule phrase avec les deux phrases proposées en utilisant *d'où*, comme dans l'exemple.

exemple : On lui a offert un bon travail à Bombay. Il est retourné en Inde.
→ On lui a offert un bon travail à Bombay, d'où son retour en Inde.

1. Elle a fait des études en communication commerciale. Elle se méfie quand on lui propose de bons produits à bas prix. → ....
2. Julien ne voulait plus payer 700 euros par mois pour la location de son appartement. Il a décidé d'acheter une maison. → ....
3. J'ai été mordu par un serpent il y a quatre ou cinq ans. J'ai peur quand je me promène à la campagne. → ....
4. Tout le monde doit s'intéresser à ce qui se passe dans l'Union européenne. Je participe à ce débat sur la politique agricole dans l'UE. → ....
5. Il n'arrive plus à suivre la concurrence des grands distributeurs. Il craint de devoir vendre son entreprise. → ....
6. Le ministre avait été choqué par ce qu'il avait lu dans les journaux. Il a répondu à ses adversaires, à la télévision. → ....
7. Votre entreprise et la nôtre ont les mêmes intérêts au Vietnam. Nous vous proposons de nous associer pour être plus efficaces. → ....

Exercice 12

Récrivez la phrase en remplaçant *parce que* par le mot proposé.

1. Je passerai te voir vendredi après-midi parce que je ne travaille pas.
→ comme ....
2. Nous sommes vraiment déçus parce que l'hôtel n'offrait pas tous les services que vous nous aviez présentés.
→ en effet : ....
3. Tu n'auras pas de problèmes pour rester en France parce que tu viens d'un pays membre de l'Union européenne.
→ du fait que : ....

UNITÉ 4
Peurs

Exercice 13

Récrivez la phrase en remplaçant *donc* par le mot proposé.

1. Ils ont une grande maison donc ils n'auront aucun problème pour nous accueillir pendant les vacances.
   → si bien que : ....
2. Elle ne connaît pas du tout le Japon donc elle préférerait que ce soit toi qui ailles à Tokyo le mois prochain.
   → de ce fait : ....
3. Je ne l'avais pas vu depuis au moins 5 ans, donc j'ai eu du mal à le reconnaître.
   → du coup : ....
4. Je pensais qu'on avait rendez-vous à 9h30 donc j'étais inquiet.
   → d'où : ....

Exercice 14

Imaginez une suite à ces phrases.

1. Je ne pourrai pas venir demain car ....
2. Du fait de mon déménagement de Lyon à Marseille, ...
3. Les résultats économiques français sont bien meilleurs cette année, de ce fait ....
4. Il a un bon travail et un bon salaire, d'où ....
5. Ne pouvant pas me déplacer à Paris le 17 mars, ...
6. On a eu une panne d'électricité à 17 heures, du coup ....

EXPRIMER L'ESPOIR

Livre de l'élève pages 58 et 59

Exercice 15

Écrivez un minidialogue avec chacune de ces expressions.

1. Elle a fait comme elle a pu !
   – ....
   – ....
   – ....
2. Je t'en prie.
   – ....
   – ....
   – ....
3. Les choses ont mal tourné.
   – ....
   – ....
   – ....
4. Il ne l'a pas fait exprès !
   – ....
   – ....
   – ....

Exercice 16

Associez les éléments de chaque colonne.

Pourvu que •	• être remboursée de tous ses frais.
Elle compte bien •	• nous pourrons nous revoir bientôt.
J'espère que •	• le directeur soit d'accord avec nos propositions.

UNITÉ 4
Peurs

Exercice 17

Dans chaque situation, choisissez les deux réponses qui conviennent.

1. – Caroline va passer son permis de conduire lundi prochain.
   – Oh ! pourvu   ■ qu'elle l'ait !   ■ qu'elle réussisse !   ■ qu'elle pourra l'obtenir !
2. – Le médecin me donnera les résultats d'analyse vendredi.
   – J'espère   ■ qu'ils seront bons.   ■ qu'ils puissent t'apporter de bonnes nouvelles.
   ■ qu'ils vont confirmer que tu n'es plus malade.
3. – Alexia va aller chercher les produits chez Rouvier ?
   – Oui et elle espère   ■ avoir le temps de passer chez Iversen.   ■ que tout sera prêt.
   ■ de pouvoir revenir ici avant 16 heures.

Exercice 18

Lisez et complétez les phrases.

1. On m'a dit que le maire s'occupait du problème. J'espère que ....
2. Oh, là, là, j'ai oublié de lui téléphoner ! Pourvu que ....
3. Non, non, je n'ai pas encore pris le temps d'examiner votre demande. Je compte ....

Exercice 19

Écoutez et formulez une réplique avec une phrase exprimant un espoir. Écrivez votre réponse.

1. ....
2. ....
3. ....
4. ....
5. ....
6. ....

EXPRIMER L'INDIFFÉRENCE ET LA DÉCEPTION

Livre de l'élève pages 60 et 61

Exercice 20

Associez les éléments pour reconstituer des expressions qui expriment l'indifférence ou la déception.

Peu •   • déception !
Je m'en •   • décevant !
Ça m'est •   • dommage !
Tant •   • égal !
C'est très •   • faire !
Quelle •   • importe !
Quel •   • moque !
Je n'en ai rien à • • pis !

Exercice 21

Écoutez et indiquez si la situation présente une indifférence ou une déception. Cochez la case qui convient.

	1	2	3	4	5
indifférence					
déception					

UNITÉ 4
Peurs

Exercice 22

Écrivez un minidialogue avec chacune de ces expressions.

1. Peu importe !
   – ....
   – ....

2. Tant pis !
   – ....
   – ....

3. Qu'est-ce que tu veux que ça me fasse !
   – ....
   – ....

4. Bof !
   – ....
   – ....

Exercice 23

A

Échangez vos informations avec celles de votre partenaire et, par deux, retrouvez les sentiments (peur, inquiétude, déception, espoir) et l'objet des sentiments (les études, un voyage, le travail, le vide) des quatre personnes.

1. Béatrice n'est pas inquiète et n'a pas peur non plus. Elle ne revient pas d'un voyage.
2. ....
3. La personne qui cherche du travail a beaucoup d'espoir.
4. ....
5. Chloé prépare actuellement un Mastère de Sciences politiques à l'École des hautes études politiques et elle joue souvent au tennis.
6. ....
7. Damien adore l'escalade en montagne et le parachutisme.
8. ....

	peur de	inquiétude au sujet de	déception de	espoir de ....
Adrien				
Béatrice				
Chloé				
Damien				

B

Échangez vos informations avec celles de votre partenaire et, par deux, retrouvez les sentiments (peur, inquiétude, déception, espoir) et l'objet des sentiments (les études, un voyage, le travail, le vide) des quatre personnes.

1. ....
2. Damien a terminé ses études depuis longtemps.
3. ....
4. Une des personnes a peur du vide.
5. ....
6. La femme d'Adrien est psychologue.
7. ....
8. La personne qui a fait un voyage en est revenue très déçue.

	peur de	inquiétude au sujet de	déception de	espoir de ....
Adrien				
Béatrice				
Chloé				
Damien				

UNITÉ 4
Peurs

LA MUSIQUE DE LA LANGUE

Livre de l'élève page 61

Exercice 24a

Écoutez et répétez.

1. Vraiment, je suis inquiet !
2. Mais, elle s'en moque !
3. Mais, j'en ai marre !

Exercice 24b

Lisez ces phrases en insistant sur la dernière syllabe prononcée.

1. Mais, ça m'est égal !
2. Qu'est-ce que ça peut faire ?
3. Enfin, regarde, c'est trop grand !

Exercice 25a

Écoutez et répétez.

1. C'est vraiment terrifiant.
2. Non, ça ne va pas !
3. Elle est fantastique !
4. C'est dégoûtant

Exercice 25b

Lisez les phrases en séparant les syllabes des derniers mots.

1. C'est im-pos-si-ble !
2. Je ne com-prends-pas !
3. C'est une vraie ca-tas-trophe.
4. Je veux que vous me rem-bour-siez !

Exercice 26

Lisez les définitions et complétez la grille de mots croisés.

HORIZONTALEMENT

a. Dire qu'une chose est vraie ; voler de façon familière
b. Ne pas avoir peur de faire quelque chose ; arrêt
c. Travail familier ; important
d. Projet difficile
e. Quand ; en bonne santé
f. Collaboration
g. Gêné
h. Enfant ; jour
i. Connaissez ; faire disparaître
j. À moi ; à nous ; note de musique
k. Deviendra ; toi
l. Mets sur le papier ; reçue
m. Très ; différent
n. Exclamation ; la peinture ou la sculpture
o. Sera la cause ; obtenu
p. Parce que ; sans vêtements ; pas le nord
q. Préposition ; peur familière ; couleur

VERTICALEMENT

1. Qui a beaucoup d'espoir et de projets ; va plus loin
2. Année
3. Cherche ; enlever l'eau
4. Qui a bu un peu trop d'alcool
5. Étrange ; préposition
6. Véhicules à moteur ; apprécier
7. Être ; République française ; soi ; Organisation des nations unies
8. Sorte de métro français ; contraire de quelque chose
9. Préposition ; argent du chômage
10. Fin d'orage ; dans une chaise ; pronom relatif
11. Quelquefois ; extérieur d'un bateau
12. Possède ; souhaitée
13. Animal avec de grandes oreilles ; chef
14. Trop porté ; moi ; deuxième personne
15. Avec ; documents d'identité ; partie d'État ; oui
16. Chef d'État ; grande peur
17. Inquiétude ; analyse

UNITÉ 4
Peurs

	1	2	3	4	5	6	7	8	9	10	11	12	13	14	15	16	17
a																	
b																	
c																	
d																	
e																	
f																	
g																	
h																	
i				E				E	L	I	M	I	N	E	R		
j				M													
k				E													
l				C							C						
m				H							O						
n				E							Q						
o											U						
p											E						
q																	

(Inter)agir à propos d'activités ou d'actions

UNITÉ 5
Conversations

Livre de l'élève pages 70 et 71

Excercice 1

Complétez ces minidialogues avec les noms proposés. Faites les accords nécessaires.

réputation • tour • truc • saut • expert • branche • réflexion

1. – Alors, ça vous dirait qu'on travaille ensemble sur ce gros projet ?
   – Je ne sais pas encore ; cette proposition demande ....
2. – J'ai un .... à te dire mais je ne sais pas comment m'y prendre.
   – Vas-y, ça ne doit pas être si terrible.
3. – Pourquoi avez-vous choisi de vous adresser à l'agence Elda ?
   – Simplement parce qu'elle jouit d'une très bonne ....
4. – Qu'est-ce qu'on fait ? On va faire un petit .... à l'expo Bonnard ?
   – Vite fait, je n'ai pas beaucoup de temps. J'y fais un .... avec vous mais je ne reste pas.
5. – Il est ingénieur en informatique ? Mais il y en a plein. Il va avoir du mal à trouver un travail.
   – Je ne crois pas qu'il y ait beaucoup de .... en IBM AS 400 comme lui.
6. – Moi, ce que je vais faire ce week-end ? C'est simple, je vais travailler. J'ai beaucoup de retard.
   – Ah ! Ce n'est pas drôle... Vous travaillez dans quelle .... ?
   – Dans l'édition.

Excercice 2

Remettez ce dialogue dans le bon ordre.

a. – Il s'agit de travailler avec une entreprise belge sur un nouveau logiciel pour les enfants.
b. – Bon je vais y réfléchir mais je ne te promets rien.
c. – Dans un mois... alors pourquoi pas. Mais dis-m'en un peu plus !
d. – J'aimerais bien mais en ce moment j'ai déjà beaucoup de travail alors ...
e. – Si tu veux, on en reparle en fin de semaine et tu me donneras ta réponse.
f. – Mais ce n'est pas pour tout de suite. Ce projet commencera seulement en septembre.
g. – D'accord, à vendredi.
h. – Bonjour Michel !
i. – Je regrette Michel, mais moi, les logiciels pour enfants, ce n'est pas ma spécialité !
j. – Mais tu ne seras pas toute seule, tu n'as qu'à demander à Laurence de venir t'aider.
k. – Bonjour Elodie. Ah ! Je voulais te voir pour te demander quelque chose. Qu'est-ce que tu dirais de travailler sur un nouveau projet ?

UNITÉ 5
Conversations

PROPOSER/RÉPONDRE À UNE PROPOSITION
Livre de l'élève pages 72 et 73

Exercice 3

Lisez les phrases puis classez-les sous chaque dessin.

1. Je regrette, mais c'est non.
2. Je vais y réfléchir.
3. Malheureusement, c'est impossible.
4. Ça mérite réflexion.
5. Je ne peux pas vous le promettre.
6. J'aurais bien aimé, mais je ne peux pas.
7. Non, ça ne me dit rien.
8. Il faut voir.

Exercice 4

Écoutez puis dites ce que fait chaque personne.

	1	2	3	4	5	6	7	8
Elle répond en hésitant								
Elle répond en refusant								

Exercice 5

Rayez la réponse qui ne convient pas.

1. – Je voudrais voir Monsieur Doreau aujourd'hui. C'est possible ?
   – Oui, il **passera/passerait** certainement au bureau avant de rentrer chez lui.
2. – Il paraît que les téléphones portables sont dangereux pour la santé.
   – Ah bon ! Nous **devons/devrions** peut-être moins les utiliser.
3. – Il y a encore de nouveaux problèmes avec le projet Norix !
   – A mon avis, il **faudra/faudrait** sûrement en discuter dès lundi matin.
4. – Tu as lu les journaux aujourd'hui ? Où a eu lieu le tremblement de terre ?
   – D'après ce que j'ai compris ce **serait/sera** au Japon mais je n'en suis pas sûr.
5. – J'espère que tu n'oublieras pas d'aller voter dimanche prochain ?
   – Mais non, bien sûr que j'**irai/irais** voter.

UNITÉ 5
Conversations

Exercice 6

Imaginez une fin à chacune de ces phrases.

1. Qu'est-ce que tu dirais de .... ?
2. Et si on .... ?
3. Ça vous ferait plaisir que .... ?
4. Je serais heureuse de ....
5. On n'a qu'à ....
6. Pourquoi on .... ?

Exercice 7

Écrivez un dialogue correspondant à cette situation.

• A propose à ses amis B et C d'acheter en commun un petit bateau pour aller ensemble à la pêche.
• B hésite car il n'est pas sûr d'aimer suffisamment la pêche.
• C aimerait beaucoup mais il a peur de manquer d'argent. Il refuse.
• A et B proposent à C une solution.
• C a besoin de réfléchir à la proposition.
• B insiste.
• A propose une autre solution à C.
• Finalement, C hésite beaucoup et B refuse de participer à l'achat du bateau.

CONDITION/HYPOTHÈSE : PHRASE AVEC SI

Livre de l'élève pages 74 et 75

Exercice 8

Écoutez et rétablissez la relation de condition entre les éléments. Cochez les cases qui conviennent.

SI	Faire un cadeau	Appeler ce numéro	Assister à la réunion	Rappeler M. Jouanet	Aimer le 1er roman	Recevoir les candidatures
Rencontrer le directeur						
Adorer les suivants						
Offrir des fleurs						
Gagner des places						
Attendre jeudi						
Le faire maintenant						

Exercice 9

Associez un élément de chaque colonne pour reconstituer six phrases.

1. Si tu n'as jamais pris l'avion,
2. Si vous avez bu trop de café,
3. Si mes collègues ont pris des notes,
4. Si tu as déjà pris ta douche,
5. Si vous n'avez pas terminé votre travail,
6. Si les voisins ont perdu leur chat,

a. ils ont fait un compte rendu de la réunion.
b. tu peux aller acheter le pain.
c. vous devrez arriver plus tôt demain matin.
d. qu'ils passent une annonce dans le journal.
e. vous ne pourrez pas dormir.
f. fais un petit voyage pour commencer.

1	2	3	4	5	6

UNITÉ 5
Conversations

Exercice 10

Continuez l'enchaînement des phrases avec les éléments suivants comme dans l'exemple :

Travailler hier • sortir du bureau à 19 heures • rester dans les embouteillages • perdre du temps • arriver en retard • se faire remarquer • passer une mauvaise soirée.

Exemple :
– Ce matin, j'ai vu Antoine, il n'avait pas l'air en forme. Il m'a dit qu'il avait passé une mauvaise soirée. Tu sais pourquoi ?
– Je crois que j'ai une petite idée…
  S'il a travaillé hier, il est sorti du bureau à 19 heures.
  S'il est sorti du bureau à 19 heures…

....
....
....

Voilà, l'explication !

Exercice 11

Écoutez et cochez la case qui convient.

	1	2	3	4	5	6	7	8	9	10
Condition										

Exercice 12

Rayez la réponse qui ne convient pas.

1. Nous pourrons lui faire cette surprise **à condition de/en cas de** ne rien lui dire.
2. **Avec/Sans** son aide, nous serions toujours en panne au bord de la route.
3. Il devra prendre le train, **à moins que/en admettant que** tu ailles le chercher en voiture.
4. **Au cas où/Imaginez qu'** il soit élu, que proposera-t-il ?
5. Elle travaillerait beaucoup plus vite **avec/sans** un ordinateur plus puissant.
6. **À condition d'/En cas d'**incendie, appelez les pompiers et sortez de l'immeuble calmement.

Exercice 13

Complétez les phrases avec *au cas où* ou *à supposer que*.

Exemple : *Qu'est-ce que je fais au cas où ça ne marche pas ?*
           À supposer qu'elle ne voie pas le changement, je le lui signale ?

1. .... le guide ne revient pas, qu'est-ce qu'on fera ?
2. Tu dis que je suis de retour dans cinq minutes, ... quelqu'un me demande.
3. .... vous ne pourriez pas nous rappeler dans la semaine, renvoyez-nous vite votre paiement.
4. Je te donne mon adresse .... tu voudrais passer me voir à la maison.
5. .... vous n'acceptez pas cette offre, vous resteriez quand même client privilégié.

UNITÉ 5
Conversations

LA MUSIQUE DE LA LANGUE

Livre de l'élève page 75

Exercice 14

Écoutez et cochez la phrase qui correspond à celle que vous avez entendue. Les syllabes en gras marquent l'insistance.

1. ☐ Tu as envie de venir, **oui** ou non ?
   ☐ Tu as envie de venir, oui ou **non** ?
2. ☐ Elle doit travailler si elle **veut** réussir ses examens.
   ☐ Elle **doit** travailler si elle veut réussir ses examens.
3. ☐ J'aimerais bien savoir **où** il est allé.
   ☐ J'aimerais **bien** savoir où il est allé.
4. ☐ Nous sommes **tou**jours contents de vous voir.
   ☐ Nous sommes tou**jours** contents de vous voir.
5. ☐ Il a perdu trois points sur **son** permis de conduire.
   ☐ Il a perdu **trois** points sur son permis de conduire.
6. ☐ Et c'est **tout** ce que tu as trouvé comme **ex**cuse.
   ☐ Et c'est **tout** ce que **tu** as trouvé comme excuse.
7. ☐ C'est **ter**miné ! Tu es privé de sortie pendant **quinze** jours.
   ☐ C'est terminé ! **Tu** es privé de sortie pendant **quinze** jours.
8. ☐ C'est encore **moi** qui **dois** faire la vaisselle !
   ☐ C'est **en**core moi qui **dois** faire la vaisselle !

Exercice 15

A

Écoutez votre partenaire lire ses phrases et soulignez la syllabe sur laquelle il fait porter l'insistance.

a. Vous pouvez faire moins de bruit !
b. Pas de problème, je l'appelle tout de suite.
c. Il faut trouver une solution.
d. Nous avions rendez-vous aujourd'hui.
e. On prend encore le train pour aller à Paris.
f. J'aime beaucoup dîner dans ce restaurant.

À votre tour, lisez les phrases 1 à 6 en insistant sur les syllabes en gras. Votre partenaire devra souligner ces syllabes. Vérifiez ensemble.

1. Je ne **veux** plus travailler dans ces conditions.
2. Cette nouvelle exposition est ma**gni**fique !
3. Il fait **vrai**ment trop chaud aujourd'hui.
4. Vous voulez qu'on en discute **main**tenant ?
5. C'est un problème **très** ennuyant.
6. Mais **que** peut-on faire pour l'aider ?

B

Lisez les phrases a à f en insistant sur les syllabes en gras. Votre partenaire devra souligner ces syllabes. Vérifiez ensemble.

a. Vous **pou**vez faire moins de bruit !
b. **Pas** de problème, je l'appelle tout de suite.
c. Il **faut** trouver une solution.
d. Nous avions rendez-vous au**jour**d'hui.
e. On prend **en**core le train pour aller à Paris.
f. J'aime **beau**coup dîner dans ce restaurant.

À votre tour, écoutez votre partenaire lire ses phrases et soulignez la syllabe sur laquelle il fait porter l'insistance.

1. Je ne veux plus travailler dans ces conditions.
2. Cette nouvelle exposition est magnifique !
3. Il fait vraiment trop chaud aujourd'hui.
4. Vous voulez qu'on en discute maintenant ?
5. C'est un problème très ennuyant.
6. Mais que peut-on faire pour l'aider ?

UNITÉ 5
Conversations

SUGGÉRER/CONSEILLER
Livre de l'élève pages 76, 77, 78 et 79

Exercice 16

Remettez les lettres dans l'ordre pour retrouver des adjectifs.

1. AUBE → ....
2. DRANG → ....
3. MINESEM → ....
4. QUATTAFINSE → ....
5. LIVRESEUMELE → ....
6. TOUTPANEFLOUS → ....

Exercice 17

Écoutez puis complétez le tableau.

	1	2	3	4	5	6	7	8
Elle devrait ...								
Je te conseille ...								
Je leur suggère ...								
À votre place ...								
Pourquoi ...								
Il vaudrait mieux ...								
Si tu veux un conseil ...								
Je vous encourage à ...								

Exercice 18

Complétez les phrases avec les expressions proposées.

il vaudrait mieux • à ta place • pourquoi • je vous conseille • nous l'encourageons • Si vous voulez un conseil

1. ...., n'achetez pas cette maison !
2. .... ne pas lui demander de faire cette randonnée avec nous ?
3. .... d'arrêter de discuter et de travailler sérieusement.
4. .... qu'il continue ses études le plus longtemps possible.
5. ...., j'abandonnerais ce projet avant d'avoir trop de problèmes.
6. .... à tout faire pour réaliser son rêve.

Exercice 19

Retrouvez la fin des phrases et donnez des conseils comme dans l'exemple.

Exemple : Alice a très mal aux dents, elle n'a qu'à aller chez le dentiste.

1. Alice a très mal aux dents,
2. Cette association a besoin d'argent,
3. Julien a trop de travail,
4. Ce magasin n'a pas assez de clients,
5. Elles sont malades en avion,
6. Le maire veut satisfaire ses électeurs,
7. Vous voulez envoyer rapidement ces contrats,

N'avoir qu'à

a. Utiliser le fax.
b. Faire plus de publicité.
c. Baisser les impôts.
d. Prendre le train.
e. Organiser une collecte.
f. Engager une secrétaire.
g. Aller chez le dentiste.

UNITÉ 5
Conversations

Exercice 20

En vous aidant du tableau page 79 de votre livre, transformez ces ordres en conseils pour aider un(e) ami(e) particulièrement stressé(e) par son travail. Pensez à varier les expressions utilisées.

1. Prends les transports en commun pour aller au bureau ! → ....
2. Laisse ta secrétaire répondre plus souvent au téléphone ! → ....
3. Sors déjeuner avec tes collègues ! → ....
4. Fais des pauses de 5 à 10 minutes entre tes rendez-vous ! → ....
5. Diminue petit à petit ta consommation de café ! → ....
6. Apprends à dire non à tes collègues ! → ....
7. Essaie de mieux t'organiser ! → ....
8. Ne rapporte pas de travail chez toi ! → ....

ARRÊT SUR IMAGE

Livre de l'élève pages 80 et 81

Exercice 21

En vous aidant des phrases, retrouvez les huit mots cachés dans cette grille.

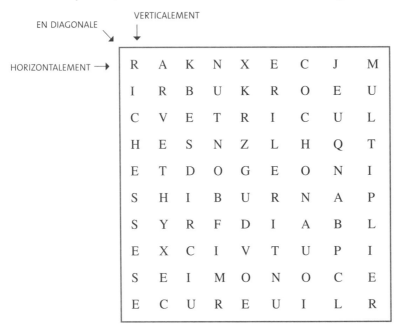

1. Objet dans lequel les enfants gardent leur argent.
2. Si je n'achète rien ou si je fais attention aux prix, j'en fais.
3. Lieu spécialisé dans le domaine de l'argent.
4. Economiser son argent, le laisser à la banque.
5. Petit animal roux logo d'une grande banque française.
6. Synonyme d'augmenter. Devenir plus nombreux.
7. Animal gros et rose dont l'image est souvent liée à l'argent.
8. La totalité de mon argent et de ce qui m'appartient la représente.

UNITÉ 5
Conversations

Exercice 22

Écrivez sous chaque dessin l'expression qui convient :

faire un temps de cochon • manger comme un cochon • avoir une tête de cochon • être copains comme cochons • faire un travail de cochon.

1. .... 2. .... 3. ....

4. .... 5. ....

Exercice 23

Complétez les dialogues avec l'expression qui convient.

moche comme un pou • une araignée au plafond • un temps de chien • têtu comme un âne • un froid de canard • poser un lapin.

1. – Julien, tu as vu François cette semaine ?
   – Non, mais je crois qu'il ne va pas très bien. Il ne va même plus au boulot ! A mon avis, il a ....
2. – Quelle idée de ne pas mettre de chauffage dans cette salle de réunion ! Il faisait ....
   – Ah oui ! Moi, c'est la première fois que je garde mon manteau pour faire une réunion !
3. – Alors, comment s'est passé ton rendez-vous avec Cécile ? Vous avez passé une bonne soirée ?
   – Tu parles ! Je l'ai attendue pendant une heure et elle n'est pas venue. Cette fille a osé me ....
4. – Chérie ! Et si on allait faire une balade en montagne demain ?
   – A mon avis ce n'est pas une très bonne idée, la météo annonce ....
5. – Vous avez vu le nouveau chien des Frolard ? Il a une drôle de tête, non ?
   – Oui, je ne sais pas ce que c'est comme race mais il est .... !
6. – Ton fils a encore oublié de ranger son vélo dans le garage ! Tu lui as parlé ?
   – Oui, mais je peux lui répéter quinze fois la même chose, il ne m'obéit pas. Il est ....

(Inter)agir à propos d'activités ou d'actions

UNITÉ 6
Et si…

Livre de l'élève pages 82 et 83

Exercice 1

Complétez avec certains adjectifs de la liste.

persuasif • imaginatif • têtu • comédien • malin • rancunier • amusant • vivant • influençable

– Ah ! bon ? Ton fils a fait quelques bêtises ?
– Oui, il ne pense qu'aux copains et comme il est très ……………… et qu'il n'a pas que de bonnes fréquentations…
– Mais, il a de bons résultats scolaires ?
– Oui, ça va mais tu sais, il est ……………… . Il travaille peu mais se débrouille toujours pour réussir ses tests et faire croire à ses profs qu'il travaille…
– Mais tu as vu des profs en réunion ? Qu'est-ce qu'ils t'ont dit ?
– Que Damien est sympathique, qu'il n'a pas de problème, qu'il participe beaucoup oralement… Bah oui, il est très ……………… , et pour l'oral, c'est bien.
– Alors, ce n'est pas si grave ! Tu as l'air vraiment fâché contre Damien.
– Oui parce qu'il a exagéré. Je lui pardonnerai mais pas encore, je ne suis pas prêt. Tu sais que je suis plutôt ……………… .
– Oui, je te connais, je dirais même que tu es du genre ……………… ! C'est vrai que quand tu as une idée dans la tête, on ne te fait pas changer d'avis facilement !…

Exercice 2

Écoutez cette lecture et trouvez ce qu'évoquent ces onomatopées.

1. Vlam
2. Craaac
3. Dzoum dzim
4. Crash, rrrram bom, flotch et mop
5. Heu…

a) une hésitation
b) un mouvement
c) un bruit
d) un bruit et un mouvement

Exercice 3

Regardez ces vignettes extraites de *Tintin, l'affaire Tournesol* et indiquez quelle vignette évoque les éléments indiqués.

1

2

UNITÉ 6
Et si…

le vent : n° ......
le téléphone : n° ......
une odeur étrange : n° ......
la peur ou une douleur : n° ......

Exercice 4

Regardez les illustrations et remplissez chaque bulle avec une de ces onomatopées.

glou glou • chut… • miam miam… • grr…

LE CONDITIONNEL PASSÉ

Livre de l'élève page 84

Exercice 5

Mettez les verbes entre parenthèses au conditionnel passé.

1. Les manifestants (descendre) .... dans la rue pour, une fois de plus, crier leur mécontentement.
2. Vous (ne pas aimer) .... prendre une petite douche avant de repartir ?
3. Il (falloir) .... que tout le monde comprenne mais ça n'a pas été le cas.
4. On (aller) .... à la fête foraine et on (monter) .... sur la grande roue. Qu'est-ce que ça (me plaire) .... !
5. Tu es trop gentil… Moi, je crois que je (dire) .... haut et fort ce que je pensais, c'est tout !
6. Quand même, tu (pouvoir) .... me prévenir que le bébé de Murielle était né !

UNITÉ 6
Et si...

Exercice 6

Écoutez et dites ce que chaque personne exprime. Cochez les cases qui conviennent.

	1	2	3	4	5	6
un regret						
un reproche						
un fait imaginaire						
un doute						
un conseil						
une information incertaine						

Exercice 7

Associez les éléments de chaque colonne pour reconstituer six phrases.

1. Quelle idiote, je n'aurais jamais dû
2. Le guide aurait oublié
3. Les rues de la capitale seraient devenues
4. Tous les voisins lui auraient demandé
5. Tu aurais pu
6. J'aurais dû essayer

a. plus calmes depuis ce matin.
b. de faire moins de bruit après 22 heures.
c. m'appeler pour dire que tu rentrerais plus tard.
d. de donner ces précieuses informations ?
e. de comprendre ce qui s'était passé.
f. croire tout ce qu'il me racontait !

1	2	3	4	5	6

Exercice 8

Dites ce que chaque phrase de l'exercice 7 exprime (doute, regret, etc.).

phrase **1** : ....   phrase **2** : ....   phrase **3** : ....
phrase **4** : ....   phrase **5** : ....   phrase **6** : ....

Exercice 9

Mettez les verbes entre parenthèses au conditionnel présent ou passé.

1. Les employés (vouloir) .... que le lundi de Pentecôte reste férié mais finalement, l'entreprise sera ouverte.
2. Tu (devoir) .... me dire que monsieur Delaunay était arrivé.
3. Ça te (dire) .... de voir l'expo Rothko avec moi demain ?
4. L'indice de progression économique (chuter) .... de 0,8 % en mars dernier.
5. Tu es rêveur, dis donc... tu ne (être) .... pas un peu amoureux, toi ?
6. Il (rejoindre) .... la société Béryl depuis déjà deux mois.
7. Euh... tu (pouvoir) .... m'aider, s'il te plaît ?
8. Quand je pense à hier, je me dis qu'on (ne jamais devoir) .... entrer dans ce café.

UNITÉ 6
Et si…

Exercice 10

Écrivez un dialogue ou un texte correspondant à l'une de ces situations, au choix.

1. – Alors toi tu serais la maîtresse d'école et moi, je serais un enfant pas très sage…
   – ....

2. – J'aurais aimé être un peintre très célèbre.
   – ....

REGRETTER UNE ACTION

Livre de l'élève page 85

Exercice 11

Associez un élément de chaque colonne pour reconstituer sept phrases qui expriment le regret.

1. Pensez-vous que j'ai eu tort
2. Avant que tu y répondes, il aurait fallu
3. On aurait mieux fait
4. Si j'avais pu imaginer ça,
5. Finalement, je n'aurais jamais dû
6. Yann se trouve vraiment stupide
7. Sophie regrette vraiment

a) lire le journal ce matin !
b) d'avoir été un peu méchante avec sa sœur.
c) de ne pas avoir pensé à inviter Laurence !
d) que tout le monde lise ce message.
e) j'aurais évité d'aborder le sujet.
f) de ne pas prévenir la police ?
g) de ne pas en parler à notre tante Lucie.

1	2	3	4	5	6	7

Exercice 12

Écoutez et dites ce que les personnes expriment. Cochez les cases qui conviennent dans le tableau.

la personne exprime…	1	2	3	4	5
le regret					
la colère					
la tristesse					
la méfiance					

Exercice 13

Parmi ces phrases, cochez celles qui expriment un regret.

■ Dis donc, tu aurais pu m'aider un peu, tu ne crois pas ?
■ C'est dommage que je ne l'aie pas su avant.
■ Il aurait fallu qu'on revoie le projet tous ensemble avant de le remettre.
■ Tu ne devrais pas dire ça, Romane.
■ Je sais, je n'aurais jamais dû partir vivre en Auvergne.
■ Ça me dirait bien une boisson bien fraîche, pas toi ?
■ C'est dommage de ne pas avoir réagi plus tôt à cette lettre.
■ Si nous avions su, nous n'aurions pas invité autant de monde.

UNITÉ 6
Et si...

Exercice 14

Choisissez deux des phrases que vous avez cochées dans l'exercice 13 et écrivez un minidialogue avec chacune d'elles.

1. – ....
   – ....
   – ....

2. – ....
   – ....
   – ....

LA CONCORDANCE DES TEMPS AVEC SI

Livre de l'élève pages 86 à 88

Exercice 15

Cochez toutes les fins de phrases qui conviennent.

1. Si elle a compris,
   - elle pourra t'expliquer.
   - demande-lui qu'elle t'explique.
   - elle pourrait t'expliquer.
   - elle aurait pu t'expliquer.

2. Si les chefs de services s'étaient réunis pour discuter du problème, les salariés
   - ne seraient peut-être pas en grève.
   - n'ont peut-être pas été en grève.
   - ne sont peut-être pas en grève.
   - n'auraient peut-être pas été en grève.

3. J'accepterais avec plaisir si un ami
   - me demandait ça.
   - m'aurait demandé ça.
   - me demanderait ça.
   - me demande ça.

4. S'il veut vraiment,
   - il avait réussi.
   - il réussira.
   - il réussirait.
   - il aurait réussi.

Exercice 16

Imaginez ce qui manque dans chaque phrase.

1. Si tu ...., prends le train suivant !
2. S'il ...., nous irions tous danser.
3. Si Marie ...., elle pourrait occuper l'ancien poste de Mireille.
4. Il a pris sa voiture si elle ....
5. Si Marc ...., les enfants seront plus calmes.
6. Paola serait partie depuis longtemps si ....

Exercice 17

Complétez la grille de mots croisés.

HORIZONTALEMENT

1. Il aurait ..... en parler à son médecin avant.
– Si tu veux y aller, ... -y !
3. Au cas où ils ....., dis-leur que les clés sont dans le tiroir.
5. Si elle n' ..... pas apprécié ce spectacle, elle ne viendra sûrement pas voir le prochain.
– S'il ne pleuvait pas, on ..... faire une promenade à cheval.

– Tu ..... pu nous téléphoner, quand même !
7. Je doute que Pierre ..... le temps de nous appeler ce soir.
8. S'il continue à bien se nourrir et à avoir une activité physique, il ..... encore longtemps.
9. Alors, dans cette histoire, je me ..... mariée avec un prince charmant.

UNITÉ 6
Et si…

11. Si tu as vu l'accident, tu ….. le raconter à la police.
– Ah ! bon ? Sa mère serait ….. en 1947 ?
– Si elle sait quelque chose, je sais qu'elle me le …..

VERTICALEMENT
a. Tu crois que je ….. envoyer une lettre pour le poste de secrétaire ?
– Si elle ne veut plus travailler avec moi, qu'elle me le ….. !
c. En admettant qu'elle ….. discuter de cette question maintenant, tu aurais un peu de temps ?
e. Si vous ….. le jazz, on pourrait aller au « New Morning ».
– Ne le mange pas si tu n' ….. pas envie.
g. Je ne serais pas tombée dans la rue s'il n' ….. pas plu.

13. S'il avait vraiment visité Athènes, il ….. où est l'Acropole !
14. Si nous avions pu, nous aurions ….. le train de 8 h 05.

– Si elles ….. su, elles ne seraient pas venues.
i. Ça lui ….. certainement plaisir si tu lui offrais quelques fleurs de temps en temps.
– Si nous avions ….., nous n'aurions pas dîné dans ce restaurant.
k. Je ….. vous voir en mai si mon emploi du temps le permet.
m. On ….. que vous êtes malade. Ça ne va pas ?
n. Si on m'avait présenté tout le monde, je ….. qui est cette femme.

UNITÉ 6
Et si...

REPROCHER QUELQUE CHOSE À QUELQU'UN

Livre de l'élève page 89

Exercice 18

A

Lisez vos phrases à votre partenaire et, à deux, essayez, oralement, de reconstituer les minidialogues. Écrivez ensuite, ci-dessous, les quatre répliques Y que votre partenaire vous a faites.

X – Ce qui ne me va pas, dans cette histoire, c'est que tu ne m'as pas prévenu plus tôt. Y –	X – .... Y – Mais si, je le dis, c'est toi qui ne m'écoutes pas !
X – De toute façon, mon fils n'est pas gentil du tout, il ne pense qu'à lui ! Y –	X – .... Y – Je voudrais bien te voir à ma place, ce n'est pas si facile !
X – Tu ne crois pas qu'il aurait pu s'excuser, quand même ? Y –	X – .... Y – Oui, bah désolé, je n'ai pas eu le temps, j'ai eu trop de boulot !
X – Je ne répéterai pas, tu n'avais qu'à écouter ! Y –	X – .... Y – Ça, ce sont mes affaires et je pense que si on ne se sent pas bien dans son travail, il vaut mieux en changer.

B

Lisez vos phrases à votre partenaire et, à deux, essayez, oralement, de reconstituer les minidialogues. Écrivez ensuite, ci-dessous, les quatre répliques Y que votre partenaire vous a faites.

X – Ce que je te reproche, c'est de ne pas dire ce que tu penses. Y –	X – .... Y – Tu vois comment tu es, hein.... Moi, je dois faire deux choses en même temps mais, toi, tu ne fais jamais d'effort pour les autres !
X – Mais comment est-ce que tu peux supporter ça ? Y –	X – .... Y – Je ne pouvais pas, j'ai appris ça au dernier moment...
X – Tu aurais pu m'appeler hier ! Y –	X – .... Y – Bah si, mais ce n'est pas son genre... Il est tellement fier !
X – Là, moi je pense que vous n'auriez pas dû quitter ce poste. Y –	X – .... Y – Vous ne devriez pas dire des choses aussi dures.

UNITÉ 6
Et si...

Exercice 19

Faites plusieurs phrases en prenant la place des personnages décrits dans la situation ci-dessous.

Une mère et sa fille de 12 ans sont en désaccord. La fille parle méchamment à sa mère et se montre régulièrement insolente.

Exemple : La mère : Si tu m'avais écoutée tu aurais pu aller voir ton amie Salomé.
La fille : Si tu m'avais laissée parler, on ne se serait pas disputées.

etc.

LE GÉRONDIF

Livre de l'élève pages 90 et 91

Exercice 20

Lisez les phrases et indiquez ce que le gérondif exprime dans chacune d'elles : temps, manière ou condition.

1. En travaillant aussi peu, il ne faut pas qu'il s'étonne d'être mal considéré par ses collègues.
2. J'ai tout de suite pensé au dossier Verplanke en entendant le récit de cette affaire.
3. Tu as parcouru toute cette distance en courant ?
4. On aura de plus beaux paysages en passant par la route montagneuse.
5. C'est en revoyant le film pour la troisième fois que j'ai enfin compris cette fin si étrange.
6. En réfléchissant un peu plus, le patron aurait pu nous proposer une solution.
7. Il a eu très peur en traversant la route.
8. La présidente a répété pour la troisième fois en gardant tout son calme...

Exercice 21

Récrivez les phrases suivantes en utilisant un gérondif.

1. Quand j'ai revu Cédric, je me suis tout de suite souvenu de nos bêtises à l'école.
2. Quand tu passeras boulevard Pasteur, pense à t'arrêter à la banque pour prendre un nouveau chéquier !
3. Le patron n'a montré aucune réaction quand il a lu le tract des syndicats.
4. J'ai dû perdre ma montre quand j'ai couru ce matin pour prendre mon bus.
5. Tu pourras lire une revue pendant que tu attendras que le médecin vienne te chercher.
6. C'est quand elle lira ces quelques lignes qu'elle comprendra tout de cette histoire.

Exercice 22

Associez un élément de chaque colonne pour reconstituer six phrases.

1. En quittant le bureau à l'heure,
2. En étant un peu plus attentionné avec ta femme,
3. En restant ouverts le dimanche,
4. En partant à 7 heures,
5. En continuant ce régime,
6. En écoutant les conseils de son père,

a) tu verras que la situation s'arrangera.
b) je vais encore perdre quelques kilos.
c) J'ai le temps de faire des courses avant le dîner.
d) elle aurait fait de meilleures études.
e) on peut être au sommet avant midi.
f) les petits commerces rendent bien des services.

1	2	3	4	5	6

UNITÉ 6
Et si...

Exercice 23

Faites une seule phrase en utilisant un gérondif.

1. Fabien Barthez a quitté le terrain. Il saluait le public.
2. Elle s'est blessée à l'œil. Elle se maquillait.
3. Florence est sortie du bureau du directeur. Elle pleurait à chaudes larmes.
4. Il discutera avec sa fille. Il essaiera de rester calme, cette fois-ci.
5. On a fait le tour du VIe arrondissement. On marchait tranquillement.
6. En quelques mois, ils ont appris le français. Ils s'amusaient beaucoup.

Exercice 24

Imaginez comment compléter ces phrases. Chacune devra comporter un gérondif.

1. J'ai vu passer Catherine en ....
2. En regardant ces photos, ...
3. J'ai beaucoup ri en ....
4. .... en lisant ce livre.

LA MUSIQUE DE LA LANGUE

Livre de l'élève page 91

Exercice 25

Écoutez et retrouvez quel est l'état de la personne qui prononce chaque phrase. Cochez la case qui convient.

	1	2	3	4	5	6
très heureux						
en colère						
triste						
snob						
surpris						
fatigué						

ARRÊT SUR IMAGE

Livre de l'élève pages 92 et 93

Exercice 26

Observez attentivement les documents page 59 puis répondez aux questions.

1. D'après le 1er schéma, qu'apprend-on sur l'évolution de la dette publique de la France depuis 30 ans ?
2. Dans l'esprit des contribuables, qu'est-ce qui devrait pourtant alléger cette dette ?
3. Comment peut-on donc expliquer cette aggravation ?
4. D'après le second schéma, quel argent est utilisé pour rembourser la dette publique ?
5. Quelles sont les deux sources supplémentaires d'endettement que l'état doit subir d'après le 3e schéma ?
6. Selon le dernier schéma, la France est-elle bien placée du point de vue de la réduction de la dette publique ? Expliquez.
7. Comment se situe-t-elle par rapport à la moyenne de l'Union européenne ?

UNITÉ 6
Et si...

Contribuables Associés
42, rue des Jeûneurs - 75077 Paris CEDEX 02
Tél. : 01 42 21 16 24 - Fax : 01 42 33 29 35 - www.contribuables.org

RÉDUIRE LA DETTE, C'EST POSSIBLE !

De nombreux pays industrialisés se désendettent.

Alors que la France augmentait sa dette de 5,2 points de PIB au cours des 5 dernières années, nos partenaires européens réduisaient, en moyenne, la leur de 3,9 points de PIB et même plus de 16 points de PIB pour l'Irlande et 14,3 pour la Belgique.

RÉDUCTION DE LA DETTE PUBLIQUE : LES BONS ET LES MAUVAIS ÉLÈVES

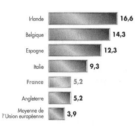

Irlande	16,6
Belgique	14,3
Espagne	12,3
Italie	9,3
France	5,2
Angleterre	5,2
Moyenne de l'Union européenne	3,9

ÉVOLUTION EN POINTS DE PIB, SUR 5 ANS

Au sein de l'Union européenne, depuis 1999, 12 pays sur 15 ont globalement maîtrisé leurs dépenses, banni les déficits et réduit leur dette publique.

Pourquoi pas nous !

Notre objet

- Mettre en œuvre les articles 14 et 15 des Droits de l'Homme et du Citoyen :
- **Art 14** : Tous les citoyens ont le droit de constater par eux-mêmes ou par leurs représentants, la nécessité de la contribution publique, de la consentir librement, d'en suivre l'emploi et d'en déterminer la quotité, l'assiette, le recouvrement et la durée.
- **Art 15** : La société a le droit de demander compte à tout agent public de son administration.
- Faire la chasse au gaspillage en organisant la surveillance des gestions de l'État, des régions, des départements et des municipalités et en demandant aux élus des explications publiques sur des cas précis de gâchis, de dépenses somptuaires.
- Sensibiliser les Français et les hommes politiques à la bonne gestion de l'argent public et encourager un esprit d'économie dans les dépenses publiques pour les réduire à l'indispensable.
- Lutter contre la bureaucratie pour obtenir des formalités simplifiées et des prélèvements obligatoires équitables, transparents et faciles à comprendre.

Nos moyens d'actions

- Organisation de campagnes nationales de mobilisation et de sensibilisation pour une meilleure utilisation de l'argent public.
- Information par tous les moyens (médias, conférences, réunions publiques...).
- Études et publications sur les services publics et les dépenses publiques.
- Instauration de relations avec des associations françaises et étrangères poursuivant des objectifs analogues.

La Présidence et les membres fondateurs

- **Président** : Alain Mathieu, chef d'entreprise
- **Porte parole** : Benoîte Taffin
- **Membres fondateurs** :
Alain Dumait, Président fondateur, journaliste.
Bernard Zimmern, Trésorier, chef d'entreprise.
Bernard Legrand, chef d'entreprise.

Notre éthique

- L'association est indépendante des partis et politiquement neutre. (Article 4 des statuts)
- L'association s'interdit de recevoir toutes subventions publiques. (Article 4 des statuts)
- Les membres du conseil d'administration exercent leur fonction gratuitement. (Article 12 des statuts)

Une gestion transparente

- Un expert comptable contrôle la gestion de l'association et arrête ses bilans.
- Les comptes de l'association sont ensuite certifiés par un commissaire aux comptes.
- Ils sont alors publiés et mis à la disposition de toutes les personnes qui participent à la vie de l'association.

DETTE PUBLIQUE

L'avenir de nos enfants hypothéqué

Depuis plus de 30 ans, l'État vit à crédit. Son endettement atteint aujourd'hui 1 065 milliards d'euros ! C'est-à-dire plus de 17 000 euros par Français, nouveaux-nés compris.

Nos enfants sont condamnés à payer la politique démagogique d'une succession de gouvernements totalement irresponsables.

CONTRIBUABLES ASSOCIÉS
TROP DE DÉPENSES PUBLIQUES C'EST TROP D'IMPÔTS

ASSOCIATION Loi de 1901 (J.O. du 7 mars 1990)
42, rue des Jeûneurs - 75077 PARIS CEDEX 02 - Tél. : 01 42 21 16 24 - Fax : 01 42 33 29 35
www.contribuables.org

---

1 065 milliards d'euros de dette, plus de 17 000 euros par Français !

UN GOUFFRE FINANCIER

Depuis plus de 30 ans, pas un seul budget n'a été voté en équilibre. Année après année, le fardeau de la dette s'alourdit.

Malgré la hausse incessante des impôts et des taxes, l'État dépense plus qu'il ne prélève et la dette continue de se creuser.

ÉVOLUTION DE LA DETTE PUBLIQUE
EN MILLIARDS D'EUROS

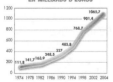

Année	Dette
1974	111,8
1978	141,7
1982	163,9
1986	327
1990	346,3
1994	483,8
1998	768,7
2002	901,4
2004	1065,7

Cette progression s'aggrave d'autant plus que la dette s'autoalimente mécaniquement par simple effet « boule de neige ». Les taux d'intérêts des emprunts étant supérieurs à la croissance, l'État doit à nouveau emprunter à la seule fin de payer les intérêts de la dette.

De Giscard d'Estaing en 1974 à Chirac en 2004, en passant par Mitterrand, la dette a été multipliée par 10 !

NOS IMPÔTS PARTENT EN FUMÉE

La charge de la dette publique française coûte 47,2 milliards d'euros, c'est le deuxième poste budgétaire de l'État !

Cette charge colossale représente plus de 2 fois le budget du ministère de l'Intérieur ou encore, 9 fois celui du ministère de la Justice.

RÉPARTITION DU BUDGET
EN MILLIARDS D'EUROS

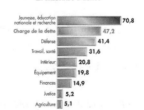

Jeunesse, éducation nationale et recherche	70,8
Charge de la dette	47,2
Défense	41,4
Travail, santé	31,6
Intérieur	20,8
Équipement	19,8
Finances	14,9
Justice	5,2
Agriculture	5,1

Aucune théorie économique sérieuse ne cautionne une telle gestion des finances publiques. Le paiement de la charge de la dette, c'est autant d'argent prélevé en plus aux contribuables pour rien.

La quasi-totalité de notre impôt sur le revenu ne sert à rien d'autre qu'à payer la charge de la dette !

UN HÉRITAGE LOURD À PORTER

Les déficits d'aujourd'hui sont les impôts de demain.

Les déficits cumulés depuis 1974 constituent une dette publique de 1 065,7 milliards d'euros, soit plus de 17 000 euros par Français. Tout nouveau-né démarre dans la vie avec 17 000 euros d'endettement sur le dos ! Depuis plus d'un quart de siècle, les gouvernements irresponsables renvoient sur les générations futures leurs dépenses du moment.

À ce gouffre abyssal, s'ajoute encore 200 milliards d'euros d'endettement des entreprises publiques. Les retraites des fonctionnaires n'ont également jamais été provisionnées et représentent un engagement de 850 milliards d'euros pour l'État !

La situation n'est plus tenable !

(Inter)agir dans des situations sociales

UNITÉ 7
Débat

Livre de l'élève pages 100 et 101

Exercice 1

Complétez les phrases avec les mots suivants : *concurrencer – contribuer – inclure – revendiquer*.

1. Nous voudrions pouvoir .... un nouvel article dans le contrat de travail.
2. Des ouvriers distribuaient des tracts à l'entrée de l'usine pour .... une augmentation de salaire de 3,5 %.
3. Les salaires en France sont trop élevés, nous ne pouvons pas .... les entreprises étrangères.
4. L'argent que vous donnerez à notre association pourra .... à l'amélioration des conditions de vie de nombreuses personnes.

Exercice 2

Complétez les phrases avec un verbe de la famille de *porter*. Faites les accords nécessaires.

1. Non ! Ne mets pas tes pieds sur le fauteuil ! Tu sais bien que je ne .... pas ça !
2. Le *Traité établissant une Constitution pour l'Europe* .... 448 articles.
3. On est en concurrence avec deux autres sociétés sur ce projet, mais je crois qu'on a des chances de ....
4. Pour dîner, samedi soir ? Ah, bah, d'accord. Mais, on .... le dessert !
5. La réunion de demain est annulée. On doit la .... au 14 mars.
6. Comment tu vas faire pour .... cette armoire jusque chez toi ? Tu vas louer un camion ?
7. Pour pouvoir .... ma production en Amérique du Nord, il faudrait que je trouve un distributeur là-bas.
8. Alors, la Turquie, c'était bien ? Qu'est-ce que tu as .... comme souvenir ? Un tapis ?
9. Oh là là, je dois rentrer chez moi et n'ai pas fini le dossier Jacquin. Je vais devoir le .... à la maison pour le finir pendant le week-end.

UNITÉ 7
Débat

PARTICIPER À UN ÉCHANGE
Livre de l'élève pages 102 et 103

Exercice 3

Écoutez les dialogues et complétez le tableau.

	Sujet de la discussion	Expressions utilisées pour prendre la parole
Dialogue 1		
Dialogue 2		

Exercice 4

Remettez les éléments de chaque phrase dans le bon ordre.

1. Je voudrais/quelque chose/dire/vous/.
   → ....
2. J'ai/quelque chose/dire/vous/à/.
   → ....
3. Laissez-moi/quelque chose/expliquer/vous/.
   → ....
4. Je voudrais/quelque chose/parler/vous/de/.
   → ....

Exercice 5

Écoutez et complétez le tableau.

	Sujet de la discussion	Expressions utilisées pour empêcher l'autre de parler
Dialogue 1		
Dialogue 2		
Dialogue 3		

Exercice 6

Écoutez et répondez.

1. Quels sont, au sujet de l'Union européenne, les trois points importants pour Jérôme Dutrin ?
– ....
– ....
– ....

2. Quels termes utilise-t-il pour présenter ces trois points ?
– ....
– ....
– ....

3. Qu'est-ce qui, selon la journaliste, est « un boulet » ?
– ....

4. Quelle est la réponse de Jérôme Dutrin quant à ce « boulet » ?
– ....

UNITÉ 7
Débat

Exercice 7

A

Lisez à votre partenaire (B) le premier paragraphe du tableau. Votre partenaire va vous interrompre dans votre lecture. Arrêtez alors votre lecture pour écouter ce qu'il dit. Dès que vous l'entendez dire le mot indiqué dans la colonne de gauche, interrompez-le en lisant l'information donnée dans la colonne de droite.
Continuez ainsi avec les autres mots de la colonne de gauche.

		L'Union européenne telle qu'elle existe aujourd'hui est une Europe libérale construite à partir d'une base qui est la concurrence. Mais, malgré ce système libéral, on a pu obtenir, dans le domaine social, un certain nombre d'améliorations, par exemple sur les conditions de travail, sur la non-discrimination, etc. Et cela depuis 1957, depuis le traité de Rome. Alors, on ne peut pas refuser aujourd'hui un système qui existe depuis cinquante ans.
positif	⇨	Mais oui, c'est positif. Laissez-moi vous rappeler tous les progrès que nous avons connu en matière de conditions de vie, en matière de santé, en matière d'éducation,... Je pourrais, comme ça faire une longue liste de tout ce que nous a apporté le système d'économie libérale. C'est le système que nous connaissons dans l'Union européenne depuis cinquante ans et je crois qu'on peut s'en féliciter.
services publics	⇨	Si vous permettez, les écoles publiques ont depuis longtemps été mises en concurrence avec des écoles privées. Il faut faire la différence entre d'une part la spécialisation professionnelle qui doit être mise en concurrence dans les établissements privés, en relation avec les entreprises, et d'autre part l'éducation de base qui, elle, doit être apportée par les services publics. Puisque les entreprises ont besoin d'employés qualifiés, je trouve normal que ce soit les entreprises qui déterminent quelles qualifications il faut donner aux employés et que ce soit les entreprises qui financent la formation.
objectifs	⇨	Je voudrais parler de l'objectivité. Qui est-ce qui est objectif aujourd'hui en vérité ? Est-ce qu'on peut être objectif ? Regardez les journaux, regardez les informations qu'on nous donne sur le monde, rien n'est jamais objectif.
taisez-vous	⇨	Non, je ne veux pas me taire. J'ai beaucoup de choses à dire encore, et comme aujourd'hui j'ai la chance de pouvoir présenter mes idées j'aimerais bien pouvoir en profiter.
interrompu	⇨	Oui, excusez-moi. Je vais vous laisser parler. Pardonnez-moi de vous avoir interrompu. Je ne recommencerai pas.
c'est fini	⇨	Ah, c'est fini. Dommage !

UNITÉ 7
Débat

B

Votre partenaire (A) va vous lire certaines informations. Écoutez-le et dès que vous l'entendez dire le mot qui est indiqué dans la colonne de gauche, interrompez-le en lisant, à votre tour, pour votre partenaire, l'information donnée dans la colonne de droite. Arrêtez votre lecture dès que votre partenaire vous interrompt. Continuez ainsi avec les autres mots de la colonne de gauche.

concurrence	←	Si on parle de la concurrence, je demande la parole, parce qu'on voit toujours la concurrence comme quelque chose de très positif. Je veux bien admettre que le monde tel qu'il est aujourd'hui s'est construit parce qu'on a fait jouer la concurrence depuis un siècle. Mais cela a été fait au profit de quelques-uns et au détriment de beaucoup d'autres. Comment se fait-il qu'un siècle de concurrence et de libre-échange n'ait pas permis de résoudre tous les problèmes économiques du monde ?
éducation	←	L'éducation ! Je voudrais dire quelque chose sur l'éducation. Depuis quelques années, l'éducation a, elle aussi, été livrée au système libéral, à la loi du marché. On veut supprimer les règles des services publics d'éducation : les règles en matière de diplômes nationaux, les règles de contrôle des programmes. Cela veut dire que l'école n'a plus le rôle de former des personnes, d'aider des personnes à progresser dans leur société et leur culture en relations avec les autres sociétés et les autres cultures.
entreprises	←	À mon avis, on ne peut pas laisser les entreprises décider des programmes. On connaît les discours des entreprises. Ils ne sont pas objectifs. Ils sont faits seulement pour correspondre aux idées de l'entreprise. Si on laisse les entreprises décider des programmes, c'est la mort assurée pour nos sociétés. Il n'y aura plus de créativité, tout le monde pensera de la même façon.
en vérité	←	S'il vous plaît, taisez-vous, on arrête là, je n'ai plus envie de discuter, parce que vous ne m'écoutez pas. Je pensais qu'on pourrait discuter sans trop de problème, mais on dirait qu'il n'y a que vos idées qui sont importantes.
encore	←	Vous voyez : encore une fois vous m'avez interrompu. Il n'y a aucune discussion possible avec vous. C'est chaque fois, la même chose.
recommencerai	←	On arrête là. C'est fini !
dommage	←	Oui, dommage en effet !

UNITÉ 7
Débat

ARTICULER SON DISCOURS

Livre de l'élève pages 104 à 107

Exercice 8

Complétez les phrases avec des articulateurs de cette liste.

au contraire • cependant • c'est pourquoi • de ce fait • en conséquence • mais aussi

1. L'Union européenne doit se préoccuper de la protection de l'environnement non seulement au sein de l'UE .... dans tous les pays où elle intervient.
2. Notre planète connaît un système écologique extrêmement complexe. Il est .... difficile de savoir à l'avance ce que peuvent provoquer, des développements industriels par exemple.
3. La conscience écologique doit être partagée par tous, ... le Conseil de l'Europe veut sensibiliser les citoyens de l'UE aux problèmes de leur environnement.
4. La protection de l'environnement ne doit pas être une préoccupation secondaire, ..., elle doit être une priorité de l'UE.
5. De grands progrès ont été accomplis en matière d'écologie au sein de l'UE, il reste .... beaucoup à faire.
6. L'information est un élément essentiel dans la protection de l'environnement. Le Conseil a, ..., créé le Centre Naturopa qui est chargé de la diffusion de cette information.

Exercice 9

Écrivez une phrase avec chacun de ces articulateurs.

1. ainsi → ....
2. au contraire → ....
3. de cette façon → ....
4. pas seulement… mais aussi → ....
5. toutefois → ....

Exercice 10

Utilisez les informations suivantes, dans l'ordre donné, pour construire un texte avec des articulateurs.

– Les jeunes sont l'avenir de l'Union européenne.
– Beaucoup ne s'intéressent pas à la vie de l'UE, ne participent pas aux élections ou ont le sentiment de ne pas être entendus.
– Le Conseil de l'Europe met en place des systèmes pour rester en contact avec eux.
– Il ne peut pas s'adresser directement à chaque jeune Européen.
– Il préfère travailler avec des « multiplicateurs », c'est-à-dire des personnes qui apprennent, s'informent, puis rentrent chez elles pour diffuser l'information.
– Il a créé le Centre européen de la jeunesse (CEJ) et le Fonds européen pour la jeunesse (FEJ) afin d'encourager la participation des jeunes à la société.

UNITÉ 7
Débat

LES INDÉFINIS
Livre de l'élève pages 108 et 109

Exercice 11

Complétez avec les indéfinis suivants :

aucun • certaines • chaque • quelque • quelques • tous • tout

1. Le train est arrivé avec .... minutes de retard.
2. Ne vous inquiétez pas, ... document a été vérifié par notre service financier.
3. Il y a ...... phrases du contrat qui ne sont pas très claires.
4. La situation économique semble s'améliorer un peu depuis .... temps.
5. Nous n'avons .... moyen de vérifier ce qu'il nous a dit.
6. J'achète le journal .... les matins.
7. Les services sanitaires nous ont obligés à détruire .... le stock de saucisses sèches en sachets.

Exercice 12

Associez les éléments pour former des phrases.

Encore ! C'est chaque • • espoir. On ne pourra pas la retrouver.
J'ai plusieurs • • fois pareil !
Mais non, ce n'est pas la même • • solutions. Ne vous inquiétez pas !
Malheureusement, non, il n'y a aucun • • chose !
Non, je sais ce que je fais, je n'ai nul • • amis, mais elle ne les voit pas souvent.
Oui, elle a quelques • • besoin de vos conseils !

Exercice 13

Rayez le mot qui ne convient pas.

1. En raison des risques d'épidémie, (chacun – plusieurs) des employés devra être ausculté par un médecin.
2. L'inspection du travail a constaté que (quelques – quelques-uns) des ouvriers du chantier de l'autoroute étaient employés illégalement.
3. Le président n'a informé de son projet (aucun – certains) des membres du conseil.
4. Malheureusement, (toutes – plusieurs) des maisons de la rue des Tanneurs devront être détruites.
5. On a eu des problèmes avec (certains – tous) des ordinateurs qu'on a achetés l'année dernière.

Exercice 14

Complétez avec les indéfinis suivants :

aucun • certains • chacun • personne • plusieurs • quelqu'un

1. Bonjour ! Il y a .... ? Hou, hou ! C'est Valérie ! Il n'y a .... ?
2. Elles n'étaient vraiment pas chères, alors j'en ai acheté ....
3. Moi, j'ai lu tous les articles, et c'est vrai que .... n'étaient pas très bons.
4. Nous souhaitons apporter une aide individualisée et donc .... doit se présenter personnellement pour rencontrer un de nos conseillers.
5. J'ai, pour ma part, rencontré une dizaine de candidats, mais, malheureusement, ... ne semble convenir pour le poste.

UNITÉ 7
Débat

Exercice 15

Répondez en utilisant *le même, la même, les mêmes*.

Exemple : – D'accord, mais cette question est différente !
– Mais non, c'est la même !

1. – Oh, tu as vu la belle voiture !
   – Ouais, bof, mon père a .... !
2. – La banque de mon mari nous a proposé un prêt avec un taux de 3,85 % d'intérêts.
   – Oui ? Hé bien, je peux vous offrir .... !
3. – Il y a des petites boutiques très sympas ici.
   – Bof... On a .... à Toulouse !
4. – Tiens, c'est moins cher que le mois dernier ! Vous avez changé la qualité des produits ?
   – Non, la qualité est ....

Exercice 16

Complétez ces articles du *Traité établissant une Constitution pour l'Europe* avec *tout, toute, tous* ou *toutes*.

1. Article I-1 : L'Union est ouverte à .... les États européens qui respectent ses valeurs et qui s'engagent à les promouvoir en commun.
2. Article I-45 : Dans .... ses activités, l'Union respecte le principe de l'égalité de ses citoyens [...].
3. Article II-70 : .... personne a droit à la liberté de pensée, de conscience et de religion.
4. Article II-80 : .... les personnes sont égales en droit.
5. Article II-84 : .... enfant a le droit d'entretenir régulièrement des relations personnelles et des contacts directs avec ses deux parents, sauf si cela est contraire à son intérêt.
6. Article II-91 : .... travailleur a droit à des conditions de travail qui respectent sa santé, sa sécurité et sa dignité.
7. Article II-105 : .... citoyen de l'Union a le droit de circuler et de séjourner librement sur le territoire des États membres.
8. Article II-108 : .... accusé est présumé innocent jusqu'à ce que sa culpabilité ait été légalement établie.
9. Article III-133 : .... discrimination, fondée sur la nationalité, entre les travailleurs des États membres, en ce qui concerne l'emploi, la rémunération et les conditions de travail est interdite.

Exercice 17

Complétez les phrases en plaçant *tous* ou *toutes* à la place qui convient.

1. Ne vous inquiétez pas pour les fleurs, je vous .... les .... apporte .... demain à huit heures.
2. Je ne savais pas que tu avais besoin de ces vieux fichiers, je .... les .... ai .... effacés ....
3. On a oublié de mettre le formulaire d'inscription dans les enveloppes. Il va falloir .... les .... rouvrir ....
4. Oui, oui, les étudiants savent que le spectacle est annulé. Nous .... les .... avons .... contactés ....
5. Vous savez, je travaille avec près de 500 personnes. Je ne .... les .... connais .... pas ....
6. Non, certains appareils étaient déjà partis, on n'a pas pu .... les .... vérifier ....
7. Oui, il nous reste des dépliants, on ne .... les .... a .... pas .... distribués ....
8. Pour vos chemises, il faudra attendre la semaine prochaine. Je ne vais pas pouvoir .... les .... fabriquer .... cette semaine.

UNITÉ 7
Débat

Exercice 18

Récrivez les phrases en remplaçant les mots soulignés par *tous, toutes, ils... tous, elles... toutes, les tous,* ou *les toutes*.

Exemple : – Oh là là, tu as beaucoup de livres !
– Oui, et j'ai lu <u>tous ces livres</u> ! → – Oui, et je les ai tous lus !

1. – D'autres cédés ? Non, je n'en ai pas d'autres. Il m'en reste une dizaine, c'est tout.
– Bon, je prends <u>tous ces cédés</u>.
→ ....

2. – Qu'est-ce qui va changer pour les services ?
– <u>Tous les services</u> vont être privatisés.
→ ....

3. – Et il y a une date limite pour la signature par les États membres ?
– Oui, <u>tous les États membres</u> doivent signer avant le 31 décembre 2006.
→ ....

4. – Je crois que nous avons des chiffres intéressants pour nos exportations.
– En effet, <u>toutes nos exportations</u> sont en augmentation.
→ ....

5. – Tu as invité toutes les filles de la classe ?
– Oui, et <u>toutes les filles</u> vont venir !
→ ....

6. – Il paraît qu'il y a une centaine de musées à Paris !
– Oui, mais, ne vous inquiétez pas, on ne va pas visiter <u>tous les musées</u> !
→ ....

7. – Qu'est-ce que c'est que ça ? Tu n'as que trois boîtes ?
– Bah, oui ! Je n'allais quand même pas apporter <u>toutes les boîtes</u> !
→ ....

8. – Il y a un problème technique avec les imprimantes BJK-418.
– Ne me dis pas qu'il va falloir vérifier <u>toutes les imprimantes</u> à nouveau !
→ ....

Exercice 19

Répondez aux questions en utilisant *quelque chose, quelqu'un, rien, personne* et en utilisant l'adjectif ou l'adverbe entre parenthèses.

Exemple : – Alors, qu'est-ce que vous avez mangé ?
– Hum ! ...... (très bon) ! → Hum ! quelque chose de très bon !

1. – Il s'est passé quelque chose ?
– Non. ...... (très important) !
→ ....

2. – Tu connais Hubert Masquelier ?
– Oui. C'est ...... (très bien) !
→ ....

3. – Il y a eu beaucoup de candidats pour le poste ?
– Oui, mais on n'a trouvé ...... (assez compétent).
→ ....

4. – Tu as trouvé un cadeau pour Maryse ?
– Non, pas encore. Je voudrais ...... (original).
→ ....

5. – Alors, tu as fait quoi, ce week-end ?
– Bof ! ...... (spécial).
→ ....

6. – Est-ce qu'un technicien pourrait passer ce matin ?
– Ah, non. Il n'y a ...... (libre), ce matin.
→ ....

7. – On a en projet de travailler avec Jean-Marc Lesieur.
– Lesieur ? Méfie-toi ! C'est ...... (pas très honnête).
→ ....

8. – Tu as du temps, là, maintenant ?
– Maintenant, non : j'ai ...... (urgent) à faire.
→ ....

9. – Et vous auriez une autre solution peut-être ?
– Non. Je n'ai ...... (autre) à vous offrir.
→ ....

10. – Vous vouliez me voir ?
– Oui, j'ai ...... (très intéressant) à vous montrer.
→ ....

UNITÉ 7
Débat

ARRÊT SUR IMAGE

Livre de l'élève pages 110 et 111

Exercice 20

Lisez le texte et répondez.

L'Europe et le monde

Dans l'antiquité, les Grecs pensaient que Delphes était le centre du monde. Si vous vivez en Europe et que vous achetez une carte du monde conforme à la projection de Peters, vous verrez l'Europe au milieu, les Amériques loin à gauche et l'Asie loin à droite. En d'autres termes, nous avons tendance à considérer que l'Europe est le centre du monde. Notre sens de l'Histoire nous fait parfois oublier que l'Europe a entretenu et entretient toujours des relations innombrables avec le reste du monde, que ce soit par le commerce, les guerres, le colonialisme, les migrations, l'immigration ou les loisirs. En tant qu'organisation intergouvernementale, le Conseil de l'Europe est souvent invité à participer à des rencontres mondiales ou à envoyer des représentants à des conférences internationales. De par sa structure même, le Conseil accueille en qualité d'observateurs des États d'autres parties du monde, comme les États-Unis, le Canada, le Japon. Des organisations internationales de jeunesse invitent des participants d'autres continents lorsqu'elles organisent des colloques dans les Centres européens de la jeunesse. Des experts du Conseil de l'Europe, juristes et spécialistes, jouent un rôle de conseillers auprès du nouveau gouvernement sud-africain. Plusieurs conventions du Conseil de l'Europe sont ouvertes à des États non européens. [...]

Conseil de l'Europe, *Une Europe à découvrir*, juillet 2001.

1. Pourquoi les Européens peuvent-ils penser que l'Europe est le centre du monde ?
....
2. Selon l'histoire, l'Europe est-elle le centre du monde ? Expliquez.
....
3. Quelles sont les actions du Conseil de l'Europe à l'extérieur de l'Union européenne ?
....

Exercice 21

Observez la carte qui se trouve au début de votre livre et répondez.

1. Quels sont les continents représentés ? Retrouvez-les sur la carte.
....
2. Comparez l'Antarctique avec l'Amérique du sud et l'Australie. Que constatez-vous ?
....
3. Quels sont les avantages de cette carte ? Quels sont ses inconvénients ?
....
4. Pourquoi, à votre avis, lui a-t-on donné cette forme ?
....

(Inter)agir dans des situations sociales

UNITÉ 8
Francophones

Livre de l'élève pages 112 et 113

Exercice 1

Complétez le texte avec les expressions et mots suivants :

de longue haleine • le festival • de la tarte • le surhomme • réalisateur • le plus à cœur • acteur • débrouiller • d'autres cordes à mon arc

Journaliste : Bonjour Jean Odoutan. Voudriez-vous répondre à quelques questions pour nos auditeurs ?
Jean Odoutan : Avec plaisir.
Journaliste : Comment est-ce que vous arrivez à vous .... pour faire vos films ?
Jean Odoutan : Je fais un maximum de choses moi-même. Je suis ...., distributeur, attaché de presse ...
Journaliste : Et parfois, vous êtes même .... dans vos propres films !
Jean Odoutan : Oui, mais ce n'est pas tout, j'ai .... J'organise aussi .... international du film de Ouidah au Bénin, tous les ans.
Journaliste : Ce n'est pas .... de faire tout ça en même temps !
Jean Odoutan : Non et je ne peux pas dire qu'il n'y aura pas de problèmes. C'est un travail ....
Journaliste : C'est vrai qu'on vous appelle .... ?
Jean Odoutan : Oui, c'est mon surnom. On m'appelle comme ça parce que je fais le maximum pour mon travail. C'est mon job qui me tient ....
Journaliste : Jean Odoutan, merci beaucoup d'avoir répondu à mes questions.
Jean Odoutan : Je vous en prie.

Exercice 2

Vous êtes journaliste pour un magazine de cinéma africain. À partir de l'affiche du festival *Quintessence*, page 113 de votre livre, et des informations données, imaginez un petit article dans lequel vous présentez ce festival et vous invitez les gens à venir y assister.

> **Lieu** : Ouidah, Bénin.
> **Organisateur** : Jean Odoutan
> **1re édition** : janvier 2003
> **Quelques films** : *Frontières* de Mostefa DJADJAM (Algérie) ; *Le prix du pardon* de Mansour Sora WADE (Sénégal) ; *Après un voyage dans le Rwanda* de Denis GHEERBRANT (France) ; *La dictée* de Meiji U TUM'SI (Congo) ; *Tenja* de Hassan LEGZOULY (Maroc)

UNITÉ 8
Francophones

EXPRIMER L'OPPOSITION ET LA CONCESSION

Livre de l'élève pages 114 à 117

Exercice 3

Écoutez et cochez les cases qui correspondent aux phrases exprimant une opposition.

	1	2	3	4	5	6	7	8
exprime l'opposition								

Exercice 4

Lisez les phrases et trouvez si elles expriment une opposition nette ou moins marquée. Cochez les cases qui conviennent.

1. Quitte à perdre mon travail, je préfère dire tout haut ce que je pense.
2. Tu ferais mieux d'aller ranger ta chambre, au lieu de regarder la télé !
3. Même si nous devons faire quelques kilomètres en plus, nous irons voir ta mère à l'hôpital.
4. Les employés ont beau se battre énergiquement, cette entreprise devra fermer ses portes fin septembre.
5. Ces jumelles ne se ressemblent pas du tout : Maud est brune et grande tandis que Carole est petite et blonde.
6. Les policiers lui ont donné une contravention sans qu'elle ait la possibilité de s'expliquer.
7. Contrairement à ce qu'elle pensait, son mari n'était pas allergique aux chats.
8. Quoique étant expert en économie, il n'a pas vu arriver ces problèmes de budget.

	1	2	3	4	5	6	7	8
opposition nette								
opposition moins marquée								

Exercice 5

Complétez la grille avec huit mots qui expriment l'opposition.

UNITÉ 8
Francophones

Exercice 6

Choisissez l'expression de l'opposition qui convient puis cochez la case correspondante.

1. Je préfère le voir demain | ☐ quitte à / ☐ sans | décaler mes autres rendez-vous.
2. Le nouveau roman de ce jeune auteur s'est peu vendu | ☐ quand même / ☐ même s' | il a reçu le prix Renaudot.
3. Elle travaille de plus en plus | ☐ bien qu' / ☐ sans qu' | elle soit extrêmement fatiguée.
4. Ils viennent de se rencontrer, | ☐ tandis qu' / ☐ cependant | ils se marient à la fin de l'année.
5. Ce bar ferme toujours aussi tard | ☐ contrairement aux / ☐ en dépit des | nombreuses pétitions des voisins.
6. ☐ Nous avons beau / ☐ Au lieu de | fermer la barrière du jardin, notre chien part tout le temps.

Exercice 7

Conjuguez les verbes entre parenthèses à l'indicatif ou au subjonctif.

1. Même si tes amis (venir) .... t'aider, il y a de nombreux travaux à faire dans cette maison.
2. Bien que cette entreprise (avoir) .... beaucoup de clients, elle n'est pas très prospère.
3. Son train avait au moins trente minutes de retard, cependant il (arriver) .... à l'heure.
4. Elle a une chance de réussir ce concours encore qu'elle (être) .... moins prête que nous.
5. Cette décision a été prise sans que personne ne (pouvoir) .... donner son avis.
6. Leur fils a divorcé il y a deux ans, en revanche leur fille (se marier) ....l'année dernière.
7. Pierre a accepté un poste à Madrid, toutefois il (ne pas parler) .... espagnol.
8. La police espère arrêter rapidement le coupable quoiqu'elle (ne pas savoir) .... où commencer les recherches.

Exercice 8

Imaginez la suite des phrases.

1. Elle a laissé ses enfants à l'école sans ....
2. Nous lui pardonnerons quoique ....
3. Alain a accepté ce nouveau travail au mépris de ....
4. Les enfants étaient très malades néanmoins ....
5. Mes collègues ne voulaient pas travailler sur ce projet mais .... quand même.
6. Autant il aime passer du temps avec ses amis autant ....

UNITÉ 8
Francophones

Exercice 9

Faites des phrases en utilisant les éléments donnés.

1. les transports en commun/les villes/être pollué/bien que/être peu développé
   ....
2. le gouvernement/même si/parler de ce problème/les journaux/ne pas changer d'avis
   ....
3. les Français/travailler 35 heures par semaine/avoir beau/vouloir plus de temps libre/ils
   ....
4. le président sortant/contrairement à/ne pas être réélu/le résultat des derniers sondages.
   ....
5. baisser/les prix de l'immobilier/ne plus acheter d'appartement/les Français/quoique.
   ....
6. malgré/un vaccin/de nombreuses recherches/ne pas encore trouver
   ....

Exercice 10

Écrivez une critique du film *Mama Aloko* de Jean Odoutan (affiche page 113 de votre livre) en vous aidant des informations données dans le tableau.

Points positifs du film	Points négatifs du film
• un film à hurler de rire • des scènes réussies • des acteurs très énergiques • des dialogues très drôles • une musique géniale	• certains acteurs sont parfois mauvais • d'immenses défauts dans le scénario • une histoire un peu trop simple • quelques stéréotypes sur la communauté africaine de Paris

....
....

Exercice 11

Lisez les phrases 1 à 6 à votre partenaire et écrivez l'opposition qu'il/elle formule.

1. De plus en plus de gens partent en vacances à l'étranger …
2. Les jeunes utilisent constamment leur téléphone portable …
3. La recherche contre les maladies génétiques progresse lentement …
4. Les journaux ont beaucoup parlé de ce scandale …
5. La police a arrêté son enquête …
6. Le prix de l'essence a augmenté …

À votre tour, opposez-vous aux propositions de votre partenaire en utilisant les expressions données.

1. bien que …
2. même si …
3. malgré …
4. cependant …
5. quitte à …
6. tandis que …

UNITÉ 8
Francophones

B

Opposez-vous aux propositions de votre partenaire en utilisant les expressions données.

1. bien que …	2. même si …
3. malgré …	4. cependant …
5. quitte à …	6. tandis que …

À votre tour, lisez les phrases 1 à 6 à votre partenaire et écrivez l'opposition qu'il/elle formule.

1. Ce film n'a pas eu un grand succès …
2. Ce jeune romancier a vendu beaucoup de livres …
3. Les manifestants ont bloqué l'accès à la ville …
4. Le gouvernement a augmenté les impôts …
5. Les Français partent de plus en plus souvent en week-end …
6. Le nombre de personnes connectées à Internet a augmenté …

EXPRESSIONS IMAGÉES

Livre de l'élève pages 118 et 119

Exercice 12

Retrouvez six expressions imagées en vous aidant des éléments donnés.

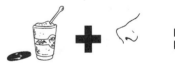

1. ....
2. ....
3. ....

4. ....
5. ....

6. ....

UNITÉ 8
Francophones

Exercice 13

Complétez les phrases avec une des expressions suivantes :

tourner au vinaigre • ce n'est pas du gâteau • mettre la main à la pâte • ça ne mange pas de pain • mettre son grain de sel • mi-figue, mi-raisin

1. Martin avait vraiment beaucoup de travail et comme il devait partir tôt, j'ai dû ....
2. Comme d'habitude, ma mère a voulu .... et maintenant, elle et ma sœur ne se parlent plus.
3. Tu pourrais quand même lui passer un petit coup de fil, ... ! Tu prends de ses nouvelles et comme ça, elle ne se plaindra plus que tu ne l'appelles pas.
4. Sur ce nouveau projet, elle est .... Il ne lui plaît pas vraiment alors elle ne sait pas si elle doit continuer ou arrêter.
5. Il y a un mois, Luc et Eric se sont violemment disputés et hier soir, ils se sont battus. La situation est vraiment en train de ....
6. Je ne sais pas pourquoi j'ai repris mes études. Faire des exposés, réviser pour les examens, ... !

Exercice 14

Écoutez les phrases et retrouvez à quelle expression imagée chacune d'elles correspond.

	1	2	3	4	5
Être dans le pétrin					
Faire ses choux gras de quelque chose					
Avoir du pain sur la planche					
Faire monter la mayonnaise					
Couper la poire en deux					

LES VERBES PRONOMINAUX AU PASSÉ

Livre de l'élève pages 120 et 121

Exercice 15

Notez le numéro des phrases dans le tableau.

1. Ils se sont téléphoné hier pour fixer l'heure de la réunion.
2. Mélanie s'est maquillée avant de partir au travail.
3. Le petit Poucet et ses frères se sont perdus dans la forêt.
4. Damien et Florence se sont dépêchés pour arriver à l'heure.
5. Elle s'est longuement brossé les cheveux avant d'aller au lit.
6. Les députés se sont rassemblés pour voter une nouvelle loi.

	phrase n°
Le participe passé s'accorde avec le sujet.	....
Le participe passé s'accorde avec le complément direct placé devant le verbe.	....
Le participe passé reste invariable car le complément direct est placé derrière le verbe.	....
Le participe passé reste invariable car le pronom *se* est complément indirect.	....

UNITÉ 8
Francophones

Exercice 16

Écoutez les phrases et complétez le tableau.

	1	2	3	4	5	6
Le participe passé s'accorde avec le complément direct placé devant le verbe.						
Le participe passé reste invariable car le complément direct est placé derrière le verbe.						

Exercice 17

Accordez les participes passés si nécessaire.

1. Les enfants et leurs correspondants allemands se sont écrit .... régulièrement.
2. Tous les ministres se sont rencontré .... avant l'arrivée du président.
3. Elle s'est préparé .... pendant une heure avant de sortir.
4. Ils ne se sont pas rendu .... visite depuis leur anniversaire.
5. Elle s'est coupé .... le doigt en faisant la cuisine.
6. Les conditions économiques se sont nettement amélioré .... ces derniers mois.

Exercice 18

Complétez les phrases avec les verbes proposés puis conjuguez-les au passé composé.
Attention, plusieurs solutions sont parfois possibles !

se parler • se donner rendez-vous • se réconcilier • se mettre d'accord • se téléphoner • se rencontrer • se disputer • se battre

1. – Est-ce qu'ils .... pour discuter de leur collaboration ?
– Non, ils .... mardi prochain à midi pour en discuter .
2. – Hier soir, deux hommes .... devant le bar , à côté de chez moi.
– Et je peux même te dire qu'ils .... car j'ai vu la police arriver vers minuit.
3. – Est ce que les deux présidents .... ?
– Je ne sais pas mais ils .... longuement
4. – A mon avis, Alice et Marc ....
– Tu as peut-être raison car ils .... pendant plus d'une heure ce matin.

UNITÉ 8
Francophones

ARRÊT SUR IMAGE

Livre de l'élève pages 121 et 122

Exercice 19

Écoutez le texte et corrigez-le quand il y a des erreurs.

« Sinon, Ouidah est un lieu magnifique. La tranquillité, la volupté, les palmiers, les plages infinies, les maisons en bambou, des personnes simples et sans chichis et falbalas et aucune pollution. Tout est encore à l'état naturel. C'est un coin parfait pour passer des vacances, pour finir joyeusement ses jours ou pour faire un film. »

Exercice 20

Lisez cet extrait de l'article « Je suis béninois mais je fais des films français » paru sur *www.afrik.com* puis répondez aux questions.

« Je suis béninois mais je fais des films français »

Jean Odoutan, le plus célèbre des réalisateurs béninois, estime qu'on ne peut pas considérer ses productions comme des films béninois car elles n'ont, pour la plupart, pas été tournées dans le pays et sont uniquement en langue française. Lucide, l'initiateur du Festival cinématographique Quintessence de Ouidah (Bénin), nous livre sa vision d'un cinéma continental qui n'en est, selon lui, qu'à ses premiers pas. Il revient également sur l'événement qu'il organise, dont la troisième édition se tiendra du 7 au 11 janvier prochain. [...]

Afrik : *Vous avez créé le festival* Quintessence *que vous financez de votre propre poche. Qu'est-ce qui vous fait avancer ?*
Jean Odoutan : C'est effectivement un gros investissement, en temps et en argent. Avec cet argent, j'aurais pu choisir de faire construire une belle villa ou de vivre tranquillement en France avec mes enfants. Mais j'adore mon pays, et j'investis pour essayer de mettre en place une vraie culture cinématographique et pour qu'il se passe quelque chose à Ouidah, car il n'y a rien là-bas. Quand je vais dans des festivals et que je n'entends pas parler du Bénin, ça m'emmerde[1]. Quand on évoque le cinéma béninois, on dit : « Il y a Jean Odoutan ». Mais je fais pas vraiment de cinéma béninois... [...]

Afrik : *Quel regard portez-vous sur le cinéma béninois et africain en général ?*
Jean Odoutan : Pour moi, il n'y a pas encore de cinéma africain. Nous n'en sommes qu'au début. On est aux prémisses du potentiel et de ce qu'on peut attendre du cinéma africain. On est encore en terrain neutre. Pour le Bénin, on dit il y a Jean Odoutan mais je n'ai fait qu'un seul film ici. Au Bénin, c'est le désert, pourtant il y a mille merveilles à raconter. Au Bénin, comme dans les autres pays, il faut que les gens comprennent ce que veut dire dramaturgie[2], et apprennent à écrire des scénarii[3]. Il faut raconter nos propres histoires pour notre propre public. De grands cinéastes comme Idrissa Ouédraogo, Gaston Kaboré ou Ousmane Sembène ont posé les

UNITÉ 8
Francophones

premières pierres, c'est à nous aujourd'hui de construire une vraie cinématographie.

AFRIK : *Parlez-nous du Festival Quintessence...*

JEAN ODOUTAN : C'est un festival international de cinéma qui a lieu à Ouidah tous les ans et qui coïncide avec la fête du vaudou[4] du 10 janvier. La prochaine édition se tiendra du 7 au 11 janvier 2005. L'idée est de créer un événement culturel dans un fief dépourvu de tout. Ce festival est l'occasion pour les jeunes Béninois, que je considère comme des analphabètes[5] du 24 images/seconde comme moi, de comprendre comment on fait un film et comment on fait de la production de cinéma. Pendant une semaine, nous organisons des ateliers pratiques tous les matins autour du cinéma : écriture, musique, réalisation... Les après-midi sont consacrés aux projections de courts et longs métrages ainsi que des documentaires. Le festival est suivi pendant l'année par un *Quintessence* itinérant qui propose des « ciné-goûters », l'après-midi, dans les collèges, les écoles primaires, les universités, et des « ciné-dîners », tous les soirs, dans les villages.

AFRIK : *Quel genre de films y présentez-vous ?*

JEAN ODOUTAN : Des films de tous les pays du monde, du Mexique, d'Israël, de Palestine, des États-Unis, de France... même si nous faisons la part belle aux films africains francophones. Il y a une culture cinématographique à développer au Bénin et c'est ce que nous souhaitons faire avec *Quintessence*. Dès la première édition, le public a été très intéressé par les comédies. *Le pari de l'amour*, tourné en Côte d'Ivoire, a reçu le Prix du public. On se rend compte aussi que les gens sont plus attirés par les films africains, car ils sont plus proches de leur culture. En 2003, le public a voté pour *Nha Fala* de Flora Gomes et *Madame Brouette* de Moussa Sene Absa. De son côté, le jury a choisi *Intervention divine* du Palestinien Élie Suleiman. C'est vraiment ouvert chez nous ! Je présente mes films mais ils ne sont pas en compétition. [...]

jeudi 26 août 2004,
par David Cadasse.

1 Français familier. = ça m'énerve.
2 Art d'écrire des drames.
3 Des scénarios.
4 Mélange de pratiques magiques et d'éléments pris au rituel chrétien.
5 Se dit d'une personne qui ne sait ni lire ni écrire.

---

1. Pourquoi, d'après Jean Odoutan, ne peut-on pas dire que ses films sont des films béninois ?
....

2. Quelles sont les raisons qui ont poussé Jean Odoutan à créer le festival *Quintessence* à Ouidah ?
....

3. Quelle est l'opinion de Jean Odoutan sur le cinéma africain ?
....

4. Quelle expression utilise Jean Odoutan pour parler des jeunes Béninois ? Expliquez-la.
....

5. Le festival de Ouidah se déroule en deux temps. À quoi correspondent ces deux parties ?
....

6. Pourquoi les gens sont-ils plus attirés par les films africains ?
....

Structurer son discours

Module 5 — UNITÉ 9 : Le travail

Livre de l'élève pages 130 et 131

Exercice 1

Choisissez les mots équivalents à ceux mis en gras dans les phrases. Cochez les cases qui conviennent.

1. Les femmes rencontrent beaucoup de **difficultés** quand elles veulent progresser dans leur carrière.
   ☐ activités ☐ catégories ☐ obstacles
2. C'est la mairie qui **donne** les cartes d'identité et les passeports.
   ☐ assure ☐ délivre ☐ subsiste
3. « Chauffeur de poids lourds » est une profession **considérée** comme masculine.
   ☐ aperçue ☐ cataloguée ☐ comportée
4. Les femmes sont souvent **obligées** de travailler moins qu'elles le voudraient.
   ☐ comparées ☐ contraintes ☐ équivalentes
5. Le samedi, je vais vendre du fromage sur le marché, cela me fait un petit salaire **complémentaire**.
   ☐ d'abord ☐ d'accord ☐ d'appoint
6. Nos problèmes économiques **ne** nous **permettent pas** de partir en vacances.
   ☐ empêchent ☐ forment ☐ frappent

Exercice 2

Lisez les phrases et remplacez le verbe par une expression ou un verbe équivalent.

1. percevoir : Les femmes sont toujours **perçues** par l'employeur comme potentiellement enceintes.
2. apercevoir : Si, regarde bien, là-bas, à droite, on **aperçoit** le Mont-Blanc.
3. recevoir : Il faudrait que je **reçoive** vos documents au plus tard le 9 juin.
4. concevoir : L'Airbus A380 a été, en grande partie, **conçu** par les ingénieurs du bureau de Toulouse.
5. décevoir : Je suis vraiment **déçue**, ce n'est pas du tout ce que je pensais voir.

Exercice 3

Quels mots peuvent convenir dans ces différents contextes ? Cochez les cases qui conviennent.
Plusieurs réponses sont souvent possibles (utilisez un dictionnaire si nécessaire).

	travail	carrière	activité professionnelle	profession	poste	emploi	boulot
1. Le matin, vers 7 h 30, je vais à mon/à ma ...							
2. Je suis au chômage et je cherche un/une ...							
3. J'ai rencontré le directeur pour lui demander de changer de ...							
4. Il faut que j'aille à l'Agence Nationale pour le/la ...							
5. Dans le journal, je lis régulièrement les offres de ...							
6. Mon père a 72 ans, il n'a plus aucun/aucune ...							
7. Il faut choisir vos études selon ce que vous voulez faire comme ...							
8. Moi je trouve que, boulanger, c'est un(e) excellent(e) ...							

UNITÉ 9
Le travail

Exercice 4

Écrivez une phrase avec chacune des expressions suivantes.

1. un tiers de → ....
2. la majorité de → ....
3. la plupart des → ....
4. nombre de → ....
5. de nombreux → ....
6. un grand nombre de → ....

Exercice 5

Utilisez chacun de ces verbes dans un minidialogue.

1. comporter
   – ....
   – ....
2. compter
   – ....
   – ....
3. concerner
   – ....
   – ....
4. se contenter de
   – ....
   – ....

Exercice 6

Soulignez le mot qui convient.

1. Tu ne dois pas accepter ce travail, (quel/quels/quelle/quelles) que soient les conditions.
2. Chaque étudiant doit remplir ce dossier, (quel/quels/quelle/quelles) que soit l'université où il étudie.
3. Elle est toujours de mauvaise humeur, (quel/quels/quelle/quelles) que soit le moment de la journée.
4. (Quel/Quels/Quelle/Quelles) que soient vos problèmes personnels, ils ne doivent pas avoir de conséquences dans votre travail.

Exercice 7

Complétez les phrases avec *qui, quoi, où, quel, quelle, quels, quelles*.

1. L'employeur doit toujours te faire signer un contrat, ... que tu travailles.
2. Oui, n'hésitez pas à m'appeler chez moi, ... que soit l'heure.
3. Je trouve que c'est un auteur merveilleux, ... qu'il ait pu écrire il y a vingt ans.
4. Excuse-moi, mais, non, je ne souhaite pas rencontrer un psychologue ou .... que ce soit.
5. Il faut absolument que je trouve un emploi, ... qu'il soit !

Exercice 8

Écrivez le verbe entre parenthèses à la forme qui convient.

1. Faites ce que je vous dis. Je suis prêt à en supporter les conséquences, quelles qu'elles (être) ....
2. Il est maladroit : quoi qu'il (faire) ...., il finit toujours par casser quelque chose.
3. Où qu'on (aller) ...., on rencontre toujours des personnes généreuses prêtes à vous aider.
4. Nous souhaitons que ce projet aboutisse et donc nous sommes prêts à reprendre les discussions avec qui que vous (choisir) .... pour vous représenter.

UNITÉ 9
Le travail

Exercice 9

Écrivez une phrase avec les expressions suivantes.

1. qui que → .... 2. quoi que → .... 3. où que → ....

Exercice 10

Écoutez et cochez les cases qui conviennent.

	vrai	faux	on ne sait pas
1. Au cinéma et à la télévision, il y a moins de rôles pour les femmes que pour les hommes.			
2. L'actrice Béatrice Dalle ne trouve pas beaucoup de rôles dans des films et elle est obligée d'accepter tout ce qu'on lui propose.			
3. Dans le dernier film qu'a tourné Béatrice Dalle, tous les rôles importants étaient tenus par des hommes.			
4. Béatrice Dalle a tourné dans un film sur les Amazones où il n'y avait que des femmes.			
5. La place des femmes dans le milieu des comédiens évolue de la même façon que la société évolue.			
6. Dans le monde du travail en général, en France, quand une femme arrive à un haut niveau dans sa carrière, elle connaît moins d'inégalités.			
7. Isabelle Hupert a pu mener sa carrière d'actrice comme elle le voulait.			
8. Les personnes qui parlent auraient beaucoup de choses à dire sur la maternité chez les comédiennes.			

ANNONCER UN PLAN, UN DÉVELOPPEMENT

Livre de l'élève pages 132 et 133

Exercice 11

Écoutez et retrouvez les trois parties de la présentation puis indiquez l'ordre (1, 2, 3) dans lequel ces trois parties apparaissent.

n°

1. Le projet de loi permettra de créer des milliers d'emploi. ....
2. L'apprentissage professionnel permettra aux adolescents d'obtenir une première formation. ....
3. Ce n'est pas le rôle d'une entreprise d'apporter une formation aux adolescents. ....
4. Par cet apprentissage professionnel proposé par le projet de loi, les jeunes ne pourront pas obtenir de bonnes qualifications. ....
5. Si on fait entrer les adolescents trop vite sur le marché du travail, ils ne peuvent pas changer de profession ni de formation s'ils le souhaitent. ....
6. Le projet de loi permettra aux jeunes d'acquérir de bonnes qualifications professionnelles. ....
7. On ne peut pas laisser les jeunes aller dans une entreprise sans qu'ils aient reçu une première formation. ....

UNITÉ 9
Le travail

Exercice 12

Lisez le chapeau ci-dessous puis imaginez les paragraphes que vous pourriez écrire pour un article sur le travail saisonnier (travail qui ne dure qu'une saison, que quelques semaines). Dites quelles idées vous présenteriez dans chaque paragraphe.

Chaque année, plus de 400 000 personnes, étudiants ou demandeurs d'emploi, exercent un emploi saisonnier. Lié à des idées de liberté, d'autonomie et de vacances, le travail saisonnier permet de faire le tour de la France (et de l'Union européenne !) selon la période de travail du secteur d'activité.
Les qualifications nécessaires varient selon les emplois, tout autant que les conditions de travail et le salaire en particulier. La recherche d'un emploi saisonnier ne diffère pas beaucoup de celle d'un emploi à l'année, mais il peut-être préférable d'utiliser les réseaux des agences.

RÉSUMER
Livre de l'élève page 134

Exercice 13

Reformulez les propos de ces personnes en les résumant un peu.

1. Notre magazine *Action emploi* vous propose des informations essentielles pour répondre de façon claire et précise aux questions que vous vous posez, de nombreux exemples d'expériences professionnelles vécues, des dossiers pour étudier en détail chaque mois un secteur d'activité et des annonces exclusives.
2. Le vélo est en plein essor : ce n'est pas seulement un loisir du dimanche, c'est un nouveau mode de vie ! La demande de nouveaux services et produits ne cesse d'augmenter : vendeur, réparateur, coursier, taxi.
3. Du 19 au 22 mai, la compagnie Royal de Luxe revient à Nantes avec un nouveau spectacle intitulé « La visite du sultan sur son éléphant à voyager dans le temps ». Mais, pour l'instant, personne n'a vu l'éléphant. Jean-Luc Courcoult, le directeur de Royal de Luxe ne veut pas dire où et quand l'éléphant arrivera, ni quels seront les autres personnages de son spectacle.
4. Le Costa Rica est le pays des amoureux de la nature : les parcs nationaux représentent 14 % du territoire et les forêts tropicales abritent des animaux de toutes sortes. Les côtes du Pacifique offrent des vues à vous couper le souffle, des vagues parfaites et des plages de cartes postales. Les villes sont colorées, calmes et accueillantes.

LES PRONOMS RELATIFS COMPOSÉS
Livre de l'élève page 135

Exercice 14

Écoutez et complétez avec la phrase relative que vous entendez.

1. Et que, elle, en tout cas, bon, elle ne prenait que les choses qu'elle aimait vraiment, c'est la raison ...., quoi, parce qu'il y avait très peu de rôles vraiment intéressants, disait-elle.

2. C'est parce que, justement, tant que les postes, entre guillemets « intéressants », ou ...., sont tenus par les hommes, si on veut faire un… écrire une histoire, on va systématiquement…

UNITÉ 9
Le travail

Exercice 15

Complétez les phrases avec *lequel, laquelle, lesquels ou lesquelles*

1. La Fondation Kastler et l'université de Bordeaux ont signé une convention grâce à .... les étudiants pourront bénéficier d'une bourse d'étude.
2. Voici la liste des pays et régions avec .... l'Union européenne possède des accords ou des possibilités d'interventions.
3. Les feuilles transparentes sur .... on écrit et qui sont destinées à l'usage du rétro-projecteur sont en acétate.
4. Je vais vous présenter un cas sur .... j'aimerais avoir votre avis.
5. Quels sont les travaux pour .... je dois obtenir une autorisation ?
6. Refuser cet accord, ce serait scier la branche sur .... nous sommes assis.
7. Nous avons fait un relevé des questions sur .... le groupe de travail devrait se prononcer lors de sa prochaine réunion du lundi 28 juin.
8. L'entreprise au sein de .... j'ai travaillé ces dernières années a connu une forte hausse de ses exportations vers l'Europe centrale.

Exercice 16

Complétez les phrases avec une préposition (*avec, par, pour*, etc.)

1. Cliquez sur la ville que vous désirez pour voir les photos des hôtels ...... lesquels nous avons des accords.
2. J'aurais besoin d'un grand tableau ...... lequel je pourrais coller mes photos.
3. Nous vous prions de nous fournir un cédérom ...... lequel vous aurez enregistré l'ensemble de vos fichiers.
4. Je vais vous donner les cinq raisons ...... lesquelles nous avons décidé de ne pas accepter ce projet.
5. Il me faut le nom et l'adresse de toutes les personnes ...... qui il est allé.
6. J'ai bénéficié, dans cette école, d'une excellente formation ......laquelle j'ai eu une carrière très intéressante dans le domaine commercial.
7. Où pourrais-je obtenir la liste des pays ...... lesquels les Français ont besoin d'un visa d'entrée ?
8. Il y a deux choses ...... lesquelles il ne faut pas jouer : le feu et les sentiments.

Exercice 17

Écrivez une phrase avec un pronom relatif, comme dans l'exemple.

Exemple : *Nous vous offrons un numéro de participation. Vous pouvez gagner 100 000 euros grâce à ce numéro de participation.*
    → *Nous vous offrons un numéro de participation grâce auquel vous pouvez gagner 100 000 euros.*

1. Le directeur voudrait avoir les noms de toutes les personnes. Vous avez été en contact avec ces personnes au cours de votre intervention à Bucarest.
   → Le directeur ....
2. Le programme ALI permet de proposer des activités. Les enfants développent leur langage et leurs interactions sociales grâce à ces activités.
   → Le programme ALI ....
3. Un sondage sera effectué auprès d'un échantillon de femmes. Ces maladies ont été diagnostiquées chez ces femmes.
   → Un sondage ....
4. Je ne mentionne jamais le nom des sociétés. Je travaille avec ces sociétés.
   → Je ne mentionne jamais ....
5. Choisissez un pseudo et un mot de passe. Vous pourrez accéder aux programmes grâce à ce pseudo et ce mot de passe.
   → Choisissez ....
6. Voici la liste des aliments. Des propriétés anti-cancéreuses ont été clairement établies pour ces aliments.
   → Voici la liste ....

UNITÉ 9
Le travail

7. La terre est une petite planète. L'homme doit vivre en harmonie avec la nature sur cette petite planète.
→ La terre est ....

8. Je vous remercie pour le sérieux. Vous avez traité ma commande avec sérieux.
→ Je vous remercie ....

9. Le gouvernement veut mettre en place une nouvelle carte d'identité. Une puce contenant des données biométriques (empreinte digitale, photo) serait insérée sur cette nouvelle carte d'identité.
→ Le gouvernement ....

Exercice 18

Écrivez une phrase avec un pronom relatif, comme dans l'exemple.

Exemple : *Le stage se compose de cinq séances. Les participants apprennent les bases de l'archéologie au cours de ces cinq séances.*
→ *Le stage se compose de cinq séances au cours desquelles les participants apprennent les bases de l'archéologie.*

1. Pourriez-vous nous indiquer la date ? Vous seriez disponible à partir de cette date.
→ Pourriez-vous ....

2. L'organisation est vivement préoccupée face aux discriminations dans le travail. Je prends la parole au nom de cette organisation.
→ L'organisation ....

3. Il nous faudra trois jours pour atteindre le lac Kiloua. La base scientifique est installée au bord du lac Kiloua.
→ Il nous faudra ....

4. Nous avons reçu des images des manifestations. Des individus ont détruit des vitrines dans le centre de Brest au cours de ces manifestations.
→ Nous avons reçu ....

5. À Bruxelles, un décret vient d'être signé quant aux trois années d'études universitaires. Le grade académique de bachelier en médecine peut être obtenu à l'issue de ces trois années d'études universitaires.
→ À Bruxelles ....

6. Je vous fais parvenir la liste des établissements. Notre personnel est autorisé à intervenir au sein de ces établissements.
→ Je vous fais parvenir ....

7. Vous êtes invité à la cérémonie officielle. Monsieur le maire remettra la Médaille d'honneur de la ville à Messieurs Roberto Baptista (Brésil), James S. Lawson (Australie) et Nejat Yars (Turquie) au cours de cette cérémonie.
→ Vous êtes invité ....

8. Vous trouverez ci-joint les adresses des Trésoreries du département de l'Isère. Vous pouvez retirer votre carnet de chèques *transport Isère* auprès de ces Trésoreries du département de l'Isère.
→ Vous trouverez ....

INTERAGIR EN SITUATION PROFESSIONNELLE

Livre de l'élève pages 136 et 137

Exercice 19

Écoutez cet extrait d'entretien d'embauche et répondez.

1. Qu'est-ce que la jeune femme devait faire dans son emploi pendant les vacances ?
2. Pourquoi devait-elle prendre rendez-vous avec certaines personnes ?
3. Dans quelle situation devait-elle demander l'avis d'une de ses collègues ?
4. Que dit l'homme au sujet du CV de la jeune femme ?
5. Dans quel service de la société Merval la candidate a-t-elle effectué son stage ?
6. Quelles étaient les caractéristiques de cette société ?
7. Comment étaient les relations de la candidate avec le directeur de la société Merval ?

UNITÉ 9
Le travail

Exercice 20

A

Posez des questions à votre partenaire pour compléter le CV.

.... Marvillet
23, impasse Lactaires
34400 ....
06 78 ... 56 ...
.........@marvillet.com
37 ans – français

ATTACHÉ COMMERCIAL

COMPÉTENCES

....
- Responsabilité opérationnelle du suivi et gestion des commandes des ....
- Négociation .... auprès de l'administration et des ....
- .... et mise en place d'une prospection téléphonique

Animation et formation
- Animation d'une équipe de production
- Recrutement de personnel intérimaire

....
- Gestion .... d'un atelier de production
- Élaboration et mise en place d'un contrôle ....

Informatiques
- Système d'exploitation   *Windows, Linux*
- Bureautique   *Word, Excel, Access, PowerPoint*
- Création de sites   *Dreamweaver, FrontPage*
- Traitement d'images   *Photoshop*

....
- .... (niveau C1)   • Russe (niveau B1)   • .... (niveau A2)

PARCOURS PROFESSIONNEL

- depuis ....   **Attaché Commercial** secteur Froid et climatisation B.S.N DANONE - Montpellier
- 1998-2002   **Responsable de Production** secteur BTP - Lafarge - Troyes
- 1995-1997   **Technico-Commercial** secteur conditionnement - BBA Emballages - Dijon
- .... intérimaire - Adia - Marseille
- 1993   **Chargé d'étude** (gestion et animation de l'équipe des enquêteurs) - Montages industriels marseillais - Marseille

FORMATION ET DIPLÔMES

- ....   Maîtrise .... - IUP de Montpellier
- 1990   DUT Techniques de commercialisation - IUT d'Albi
- 1988   DEUG Sciences économiques - Université d'Albi
- 1986   Baccalauréat F3 - Lycée Toulouse Lautrec - Albi

LOISIRS

- Arbitre de la Fédération française de basket-ball
- Animateur en informatique dans des Maisons de quartier

.... sur http://www.marvillet.com

UNITÉ 9
Le travail

B

Posez des questions à votre partenaire pour compléter le CV.

Christophe ....
23 impasse Lactaires
34400 Lunel
06 ... 82 ... 25
contact @ .... com
37 ans – français

ATTACHÉ COMMERCIAL

COMPÉTENCES

Commerciales
- Responsabilité opérationnelle du suivi et gestion des commandes des clients
- Négociation commerciale auprès de l'administration et des entreprises
- Organisation et mise en place d'une prospection téléphonique

Animation et ....
- Animation d'une équipe de ....
- Recrutement de .... intérimaire

Techniques
- Gestion quotidienne d'un atelier de production
- Élaboration et mise en place d'un contrôle de la qualité

....
- Système d'exploitation   Windows, Linux
- Bureautique   Word, Excel, Access, PowerPoint
- ....   Dreamweaver, FrontPage
- Traitement .... Photoshop

Linguistiques
- Anglais (niveau C1) • .... (niveau B1) • Japonais (niveau A2)

PARCOURS PROFESSIONNEL
- depuis 2003   **Attaché Commercial** secteur Froid et climatisation B.S.N DANONE - Montpellier
- 1998-2002   .... secteur BTP - Lafarge - Troyes
- .... **Technico-Commercial** secteur conditionnement - BBA Emballages - Dijon
- 1994   **Attaché commercial** intérimaire - Adia - Marseille
- .... **Chargé d'étude** (gestion et animation de l'équipe des enquêteurs) - Montages industriels marseillais - Marseille

FORMATION ET DIPLÔMES
- 1992   Maîtrise Commerce et vente - IUP de Montpellier
- 1990   DUT Techniques de commercialisation - IUT d'Albi
- 1988   DEUG - .... - Université d'Albi
- .... Baccalauréat F3 - Lycée Toulouse Lautrec - Albi

LOISIRS
- Arbitre de la Fédération française de basket-ball
- Animateur en informatique dans des Maisons de quartier

Plus d'informations sur http://www.....................com

UNITÉ 9
Le travail

LA LETTRE DE MOTIVATION
Livre de l'élève pages 138 et 139

Exercice 21

Remettez dans l'ordre les phrases suivantes pour reconstituer deux lettres de motivation.

– Madame,
– Madame, Monsieur,
– Actuellement attaché commercial dans une agence immobilière, je désire intégrer un groupe qui me permette d'accéder à des fonctions d'encadrement. Le poste de chef d'agence que vous proposez pourrait ainsi répondre à mes attentes.
– Enfin, la rémunération variable et liée à des objectifs, que vous offrez, me paraît capitale pour mobiliser une force de vente. C'est un système que j'ai pleinement adopté et je suis moi-même rémunéré en fonction de mes résultats.
– J'ai pris connaissance, sur le site de l'ANPE, de votre offre d'emploi concernant des attachés commerciaux et je souhaiterais vous soumettre ma candidature.
– Ma formation universitaire en Lettres et Histoire de l'art m'a permis d'acquérir de bonnes connaissances que j'ai complétées, au cours de mes missions dans l'édition, d'un solide savoir-faire rédactionnel.
– Par ailleurs, mes expériences de correctrice dans des domaines variés m'ont permis de développer une bonne faculté d'adaptation et une grande rigueur de travail. Enfin, ma pratique courante du traitement de texte et mon sens de l'organisation seront des atouts supplémentaires pour m'impliquer efficacement dans la mission que vous proposez.
– Par mes expériences professionnelles dans le secteur très concurrentiel de l'immobilier, j'ai acquis un savoir-faire commercial en force de vente et développé mon sens de la négociation. En outre, les responsabilités que j'ai assumées au sein d'une équipe commerciale m'ont permis d'enrichir mes compétences.
– Souhaitant vivement vous rencontrer pour vous exposer plus amplement mon expérience et mes motivations, je vous prie d'agréer, Madame, l'expression de mes salutations distinguées.
– Veuillez agréer, Madame, Monsieur, l'expression de mes sincères salutations.
– Votre offre de mission pour des travaux de rédaction éditoriale parue dans la revue *Cadremploi* le 18 juin 2005 a retenu mon attention.
– Vous pourrez prendre connaissance, dans le CV ci-joint, de mon parcours professionnel, mais je serais heureux de vous rencontrer prochainement pour vous apporter plus d'informations quant à mon profil.
– Vous trouverez, dans le curriculum vitae ci-joint, des informations vous permettant de mieux saisir mes compétences.

UNITÉ 9
Le travail

Exercice 22

Choisissez une de ces deux annonces, puis écrivez une lettre de motivation pour proposer votre candidature.

Le Château de Montgeoffroy

recherche des étudiants multilingues
pour accueil et visite du château
en juillet et août (temps partiel ou plein)

Envoyer lettre de motivation et CV à l'adresse :
BP37, 49630 MAZÉ
ou par courriel : chateau_montgeoffroy@wanadoo.fr

Service d'accueil international du Midi

Nous recherchons des responsables
pour l'accueil et l'encadrement des stagiaires étrangers
participant à nos programmes d'études en France.
Temps partiel - SMIC

Écrire à Mme Sophie Loos, SAIM,
17, rue Gaston Bonnier, 84 000 Avignon

LA MUSIQUE DE LA LANGUE

Livre de l'élève page 139

Exercice 23

Écoutez et indiquez la cause de l'interruption.

	la personne interrompt sa phrase pour	
	chercher ce qu'elle va dire	reconstruire et modifier sa phrase
1. <u>Est-ce que c'est pas aussi...</u> si c'est un reflet de société, c'est parce que, justement, tant que les postes		
2. Si <u>on veut faire un...</u> écrire une histoire, on va euh... systématiquement... Si on veut faire un... écrire une histoire, <u>on va euh...</u> systématiquement...		
3. C'est que dans ce milieu, <u>si une...</u> une femme arrive à atteindre un certain niveau dans sa carrière, etc. C'est que dans ce milieu, si une... <u>une femme arrive à</u> atteindre un certain niveau dans sa carrière, etc.		
4. <u>Elle va quand même être...</u> il va y avoir moins d'inégalité...		
5. Oui, bah, prends Isabelle Hupert, <u>par exemple, elle...</u>		
6. Une actrice qui devient une star, <u>elle va demander le même cacheton que...</u>		
7. Il n'y en a pas énormément, <u>des actrices de cette...</u> enfin, tu vois, qu'on... qui réussissent à faire ce genre de choses, en France. Il n'y en a pas énormément, des actrices de cette... <u>enfin, tu vois, qu'on...</u> qui réussissent à faire ce genre de choses, en France.		

UNITÉ 9
Le travail

Exercice 24

Lisez les définitions et complétez la grille de mots croisés.

HORIZONTALEMENT

a. Élément qui gêne le passage - Siège pour plusieurs - Loisir
b. Possèdent
c. Responsabilités - Au milieu de
e. Mis à sécher - Avoir peur
f. Troisième - Boisson chaude
g. Fait tomber - Année
h. Conserve - Bagage
i. Éléments - Fin de page
j. Mot pour ajouter - Arrêter
k. Compétences professionnelles
l. Pas là-bas - Cela
m. Équipements pour sauter d'un avion - « Rire » au passé
n. Nous - Une personne indéterminée
o. Augmentation - Capacité à fonctionner seul
p. Contraire de « pas du tout »
q. Genre - Verrai en partie

VERTICALEMENT

1. Données - Tartes salées
2. Pas beaucoup
3. Penser - Mettre dans une catégorie
5. D'une autre façon - Emploi
6. Se promener
8. De la société
9. Renseignements généraux
10. Bonjour - Pas vraiment basse
11. Prendre avec soi
12. Exclamation - Ne satisfait pas
13. Évolution d'emploi - Qui attend un enfant
14. Sur une chaise ou dans un fauteuil
15. Contacteras
16. Pour indiquer le lieu ou l'année - Déplacement dans l'eau - Pensera
17. Dont on peut avoir besoin - Sûre

Structurer son discours

MODULE 5 · UNITÉ 10 — Humour

Livre de l'élève pages 142 et 143

Exercice 1

Lisez ce texte puis cochez la réponse qui convient.

Les Français ne sont pas chauvins[1] lorsqu'il s'agit de rire. Ils font même un triomphe à différentes formes d'humour venues de l'étranger, des Anglais aux Italiens en passant par les Américains, les Québécois, les Belges et tous les francophones. Petit tour d'horizon.

Par Didier Jacob, journaliste à l'hebdomadaire Le Nouvel Observateur

On sait que l'humour est anglais de naissance. Mais, dès 1762, Voltaire[2] fait observer que les Britanniques utilisent ce mot « *qu'ils prononcent 'youmor'* » et « *croient qu'ils ont seuls cette humeur, que les autres nations n'ont point de terme pour exprimer ce caractère d'esprit* », qu'ils ont breveté[3], dès le début du XVIIIe siècle, par la voix de Laurence Sterne, l'auteur du chef-d'œuvre de la littérature anglaise, *Tristram Shandy* (1759-1767), ou de Jonathan Swift, le père de Gulliver.

Pionniers[4], les Anglais sont encore aujourd'hui considérés en France comme des maîtres du genre. On lit toujours Lewis Carroll, sorte de surréaliste avant l'heure avec *Alice au pays des merveilles* (1865), Charles Dickens et son penchant pour le burlesque[5] et l'excentricité, Oscar Wilde, peintre ironique des mœurs de l'aristocratie anglaise, sans oublier Jerome K. Jerome, dont l'hilarant *Trois Hommes dans un bateau* (1889) conféra au roman picaresque[6] une nouvelle jeunesse. [...]

Le rire, une arme de persuasion massive

Le sens du comique n'est bien sûr pas l'apanage[7] des Anglo-Saxons. La « comédie à l'italienne » a pratiqué l'autodérision[8] avec une virulence[9] rarement égalée dans les satires[10] grinçantes de Dino Risi (*Les Monstres*, 1963) ou d'Ettore Scola (*Affreux, sales et méchants*, 1976), incarnées à l'écran par Alberto Sordi, Nino Manfredi, Ugo Tognazzi et Vittorio Gassman. Consacrés par la critique et le public français, Fellini et, plus récemment, Nanni Moretti réservent également une place de choix à l'humour dans leurs œuvres.

L'acteur et réalisateur Roberto Benigni a réussi le pari de faire rire (et pleurer aussi) en racontant une histoire d'amour entre un père et son fils dans un camp de concentration ; *La Vie est belle* a été primée au Festival de Cannes, en 1998, avant de triompher à la cérémonie des Oscars et dans le monde entier.

Les pays francophones ne sont pas en reste. Nombreux sont les humoristes qui, de la Belgique à la Suisse, obtiennent en France des succès qui dépassent parfois ceux des comiques nationaux. Le Québécois Michel Courtemanche, animateur, producteur et comédien, a multiplié les tournées en terre francophone.

UNITÉ 10
Humour

Le Festival mondial de la comédie, « Juste pour rire », fondé par Gilbert Rozon, qui se tient tous les ans, en juillet, à Montréal, au Canada, est un rendez-vous majeur avec le public francophone, pour les humoristes français notamment. Pendant deux semaines, la ville accueille quelque 2 000 spectacles et près de deux millions de spectateurs du monde entier. Les films de Denys Arcand (*Le Déclin de l'empire américain*, 1985, *Les Invasions barbares*, primées au Festival de Cannes en 2003) ont été aussi appréciés en France qu'au Canada ; de même pour la drôlerie touchante de la comédie québécoise *La Grande Séduction*, de Jean-François Pouliot.

Du côté de la Belgique, l'acteur-réalisateur Benoît Poelvoorde, qui a réalisé avec les moyens du bord la comédie gore[11] *C'est arrivé près de chez vous*, 1992, est devenu l'un des poids lourds du cinéma comique français (*Podium*, 2004). L'humoriste et dessinateur Philippe Geluck collabore à l'émission dominicale de Michel Drucker, « Vivement dimanche » sur France 2. Il a créé, pour le quotidien belge *Le Soir*, le personnage du Chat dont il a ensuite popularisé la silhouette dans des albums tendres et humoristiques en tête des ventes dans notre pays.

Impossible de citer tous les humoristes qui ont une audience en France. Mais la communauté internationale du rire existe : c'est la fraternité des nations qui partagent un langage commun, celui de l'humour.

Label France, le magazine n° 56, octobre-décembre 2004.

1. très fanatique de sa patrie, de son pays.
2. écrivain français (1694-1778) qui a vécu quelques années de sa vie en Angleterre.
3. ont obtenu le brevet d'invention.
4. qui se sont lancés les premiers dans un domaine.
5. Qui développe des idées extravagantes à l'aide d'expressions amusantes dans le but de divertir.
6. qui a les caractéristiques d'un genre littéraire espagnol (en vogue aux XVIe et XVIIe siècles surtout).
7. ce qui appartient en propre à quelqu'un ou à quelque chose.
8. moquerie contre soi-même.
9. violence, agressivité.
10. œuvre dans laquelle l'auteur critique ouvertement une époque, une politique, une morale. ou attaque certains personnages en se moquant d'eux.
11. fantastique et sanglant.

	vrai	faux
1. Les Français apprécient seulement leur humour et l'humour anglais.		
2. Ce sont les Anglais qui sont à l'origine de l'humour.		
3. Lewis Carroll et Charles Dickens sont des peintres anglais.		
4. Dans la comédie italienne, les auteurs savent rire d'eux-mêmes.		
5. Dino Risi et Ettore Scola sont des cinéastes italiens.		
6. Il y a peu d'humoristes en Belgique et en Suisse.		
7. « Juste pour rire » est un festival de la comédie qui se tient au Canada.		
8. Plusieurs comédiens et cinéastes canadiens sont très appréciés en France.		
9. Le Belge Benoît Poelvoorde est un excellent dessinateur.		

UNITÉ 10
Humour

Exercice 2

Complétez les phrases avec l'un des mots proposés. Faites les accords nécessaires.

rire • moquerie • plaisanterie • méchanceté • blague • humour

1. – C'était bien votre soirée chez Dominique et Bernard ?
   – Ah ! oui ! Bernard a raconté des .... toute la soirée. On étaient tous morts de rire !
2. – Mais non, il ne l'a pas insulté parce qu'il lui a dit qu'elle était un peu grosse...
   – Peut-être mais c'est vraiment de la .... de dire des choses pareilles.
3. – Il faut être un peu plus sérieux, tu ne crois pas ?
   – On peut être sérieux et travailler en s'amusant, et puis, le .... est le propre de l'homme !
4. – J'ai essayé de plaisanter un peu, mais Guy est resté très froid.
   – Oui, ça ne m'étonne pas ; il n'a pas beaucoup de ....
5. – Oh ! mais, ne te fâche pas, c'est pour rire !
   – Peut-être mais je trouve que les .... les plus courtes sont les meilleures, alors, arrête !
6. – Qu'est-ce que tu as ? Trop chaud ? Tu es rouge comme une tomate !
   – Je n'ai pas chaud du tout et je n'apprécie pas tes ...., Louis !

Exercice 3

Lisez la définition de la contrepèterie, regardez les exemples, puis amusez-vous à résoudre celles qui vous sont proposées.

La contrepèterie consiste à permuter, dans un énoncé, des sons, des lettres ou des syllabes de manière à obtenir un autre énoncé de sens cocasse et à provoquer un effet comique.

exemples : un bouchon → un bon chou ; l'ami des veaux → la vie des mots ; Pauline est coquette → Paulette est coquine

a) Aidez-vous des indications en gras.
1. Le **v**eau **m**âche → le ....
2. J'ai lavé mon **c**ol dans la **b**uvette → J'ai lavé mon ....
3. L'**apéro** → l'............
4. Un chau**vin** → un ....
5. Des **b**osses **g**rises → des ....
6. De **b**elles autos → de ....
7. Des **d**ettes sur les **br**as → des ....
8. Un **g**ros **m**ec → un ....

b) Essayez de trouver les contrepèteries sans aide.
1. Jo est aux champs → ....
2. Jacques est en Iran → ....
3. La page des voyelles → ....
4. Quel champ de coton → ....

Source : *La vie des mots L'ami des veaux*, J. Martin et R. Le Goistre (Albin Michel)

QUALIFIER L'HUMOUR

Livre de l'élève page 144

Exercice 4

Trouvez dans cette liste huit mots synonymes de *drôle*.

tordant   farfelu   risible   chanceux   séduisant
insipide   impayable   terne   hilarant   désopilant   énervant
ennuyeux   ordinaire   rigolo   monotone   bidonnant

UNITÉ 10
Humour

Exercice 5

Remplacez les éléments soulignés par un seul adjectif, sans changer le sens de la phrase.

1. C'est un travail vraiment <u>long et ennuyeux</u> qu'elle doit faire avant décembre.
2. J'aime beaucoup cette femme. Elle est <u>originale et bizarre</u>, mais qu'est-ce qu'elle est sympa !
3. Ces paysages m'ennuient ; je les trouve <u>tristes et toujours pareils</u>.
4. Catherine nous a recommandé ce spectacle qu'elle a trouvé <u>très drôle</u>.
5. Luc trouve ce restaurant extraordinaire. Moi, je le trouve vraiment très <u>simple</u>, trop <u>simple</u>…
6. Non ? on n'aime pas tellement les spectacles <u>drôles</u>, ils nous font rarement rire.

Exercice 6

Écoutez les minidialogues et complétez le tableau.

	sujet de la discussion	opinion positive	opinion négative	mots qui décrivent l'opinion
1	....	■	X	assez ordinaire
2	....	■	■	....
3	....	■	■	....
4	....	■	■	....
5	....	■	■	....

LE FUTUR ANTÉRIEUR

Livre de l'élève page 145

Exercice 7

Mettez les verbes entre parenthèses au futur antérieur.

1. Nous (finir) .... d'écrire cet article à la date prévue.
2. Tu (ne pas encore voir) .... le patron quand j'arriverai.
3. Je pense qu'il leur (envoyer) .... un message avant samedi.
4. Tu crois qu'elle (réussir) .... son permis de conduire ?
5. Elle (taper) .... la lettre pour le patron avant qu'il ne revienne du déjeuner.
6. Malheureusement, je pense qu'ils (partir) .... quand nous arriverons à la fête.
7. Ne t'inquiète pas, elles (rentrer) .... à l'heure mais (repartir certainement) .... chez une voisine comme il n'y a personne à la maison.
8. Je suis sûr qu'elle (ne pas avoir) .... le temps de lire le dossier avant notre réunion.

UNITÉ 10
Humour

Exercice 8

Mettez les phrases au futur.

Exemple : Je passe te voir dès que je suis sorti de mon rendez-vous.
→ Je passerai te voir dès que je serai sorti de mon rendez-vous.

1. On passe à table aussitôt que vous avez fini votre coupe de champagne.
2. Quand Pascale arrive au bureau, on a fini de préparer sa surprise.
3. On rediscute de cette question après que tu t'es calmée…
4. Ouh là là ! Déjà 16h45… J'arrive là-bas après que les bureaux ont fermé, si je ne me dépêche pas un peu… .
5. On part dès que j'ai pu joindre Étienne au téléphone.
6. Le professeur reprend son cours quand les étudiants se sont tus.
7. Michelle va mieux quand elle a vraiment compris la plaisanterie.
8. Tu viens me voir une minute quand tu as fini, s'il te plaît ?

Exercice 9

Faites une seule phrase avec les deux phrases proposées. Reliez-les avec *quand*.

Exemple : Tu prendras ta décision. Tu m'appelleras pour qu'on en parle.
→ Quand tu auras pris ta décision, tu m'appelleras pour qu'on en parle.

1. Les syndicats nous enverront des informations. Nous déciderons de la marche à suivre.
2. Ils se marieront. Ils achèteront un appartement en ville.
3. Le Ministre recevra quelques représentants pour discuter des accords. La grève s'arrêtera peut-être.
4. Nous rentrerons à la maison. Nous téléphonerons à Louis et Annie pour les inviter.
5. Ronan arrivera à l'aéroport pour nous dire au revoir. Notre avion décollera déjà.
6. Il me donnera mon billet de concert. Je le rembourserai.

Exercice 10

Écrivez les verbes entre parenthèses au futur ou au futur antérieur.

1. Le directeur vous (recevoir) .... quand vous (obtenir) .... vos diplômes.
2. Tu (pouvoir) .... refaire un saut en parapente dès que le vent (se calmer) ....
3. Quand Anne (avoir) .... son bébé, je lui (offrir) .... une boîte à musique.
4. Tout (aller) .... bien une fois qu'elle (finir) .... de passer ses examens.
5. Non, je (ne pas changer) .... d'avis, même quand je (voir) .... cet autre appartement !
6. Quand tu (se laver) .... les dents, tu (aller) .... te coucher.
7. Les prix (certainement augmenter) .... la prochaine fois qu'on (retourner) .... dans cette boutique.
8. Quand on (vérifier) .... cette information, on (pouvoir) .... appeler Sofiane pour lui en parler.

UNITÉ 10
Humour

S'ASSURER QU'ON A BIEN COMPRIS/QU'ON A BIEN ÉTÉ COMPRIS

Livre de l'élève pages 146 et 147

Exercice 11

a) Écoutez les dialogues et cochez les expressions que vous avez entendues. Notez ensuite dans quel dialogue vous les avez entendues.

	dialogue			dialogue
Ce que je veux dire, c'est que	☐	......	Ça revient à dire que	☐ ......
En d'autres termes	☐	......	Autrement dit	☐ ......
Vous y êtes ?	☐	......	Si vous voulez…	☐ ......
Qu'est-ce que tu veux dire par là ?	☐	......	Je ne saisis pas	☐ ......
C'est bien…que	☐	......	Tu veux dire qu'on	☐ ......
Tu veux faire référence à	☐	......	Je n'ai pas bien suivi	☐ ......
Qu'entendez-vous par	☐	......		

b) Dans la liste ci-dessus, il manque une expression servant à s'assurer qu'on a bien été compris ou qu'on a bien compris. Écoutez de nouveau les trois dialogues, retrouvez l'expression et rajoutez-la à la liste ci-dessus.

Exercice 12

Lisez les échanges suivants et, quand cela est nécessaire, remplacez les expressions qui ne conviennent pas par d'autres qui donnent du sens à l'énoncé.

Exemple : *J'ai rencontré tes amis, les jumeaux, je les ai à peine reconnus, c'est incroyable !*
Attends… Je les ai vus la semaine dernière. ~~Qu'est-ce que tu entends par~~ C'est bien *Brice et Martial que tu as rencontrés ?*

1. – C'est un peu moqueur ce que tu as dit à Élodie, non ?
   – Pas du tout. Autrement dit que si elle voulait venir, elle était la bienvenue et que sinon, je comprenais son refus. J'étais sincère.
2. – Vous pensez donc qu'une économie libérale ne peut pas être au service de l'Humanité ?
   – Ce n'est pas exactement ça… Ce que je veux dire, c'est que je suis plutôt pour une économie égalitaire et distributive, vous comprenez ?
3. – Nous, on partira à 7 heures, pas après.
   – Ce que je veux dire, c'est que si nous, on est en retard, vous partirez sans nous ?
   – Si vous voulez… euh… bah oui, c'est un peu ça. Si on part trop tard, on aura trop chaud pour visiter les pyramides.
4. – Tous ceux qui ont lu ce livre comprendront pourquoi je tiens de tels propos.
   – Vous voulez dire que *La Domination masculine* de Pierre Bourdieu, c'est bien ça ?
   – Oui, c'est cela.

UNITÉ 10
Humour

PRÉCISER, ILLUSTRER DES PROPOS
Livre de l'élève page 148

Exercice 13

Complétez ces minidialogues avec l'expression qui convient.

1. *Tu vois ce que je veux dire/Ça me rappelle quelque chose/Je vais prendre un exemple*
   – Tu connais ce texte ?
   – Oui, attends .... Ce ne serait pas un extrait du dernier roman d'Amélie Nothomb ?
   – Ah ! si, peut-être !
2. *Imaginons que/C'est comme/Ce que je veux dire, c'est que...*
   – Tu peux reprendre ton explication, ce n'est pas clair pour moi.
   – .... ce ne sont pas ceux qui ont l'air les plus malheureux qui le sont forcément.
3. *Plus précisément/Tu as l'air de dire que/Pour bien me faire comprendre*
   – .... tu n'apprécies pas la présence de Fabien.
   – Ce n'est pas tout à fait ça, mais c'est vrai que je préférerais ne pas le voir.
4. *Pour mieux me faire comprendre/Vous comprenez ce que je veux dire/Je vais prendre comme exemple*
   – .... , je voudrais que vous regardiez bien cette image.
   – Oui, c'est vrai que c'est tout de suite plus clair quand on voit ça ! Merci.

CHERCHER SES MOTS/REMPLACER UN MOT OUBLIÉ
Livre de l'élève page 149

Exercice 14

Écoutez ces répliques une à une et remplacez aussitôt chaque bip sonore par une expression qui permet de chercher ses mots. Contrôlez ensuite avec le deuxième enregistrement.

Exercice 15

Dans chaque phrase, remplacez le verbe *avoir* par un verbe plus précis.

1. Monsieur Fourtin a un poste très important dans la société.
2. J'espère que votre livre aura un grand succès.
3. Le mauvais temps va avoir de graves conséquences sur les fruits et les légumes.
4. Ils n'ont pas eu de difficulté particulière, tout s'est bien passé.
5. Jérôme ? C'est le grand brun là-bas. Il a une veste grise. Tu le vois ?
6. Le directeur a eu 22 candidats pour le poste de secrétaire bilingue.
7. Finalement, vous avez eu la réponse à votre question ?
8. Quel plaisir est-ce que tu as à te moquer toujours des autres ?

UNITÉ 10
Humour

LA CONSTRUCTION INFINITIVE/LA PLACE DE L'ADJECTIF

Livre de l'élève pages 150 et 151

Exercice 16

Choisissez la forme qui convient pour construire des phrases correctes.

1. Vous ☐ entendiez / ☐ aviez | les voisins chanter ?
2. Paul et Michèle ☐ partent / ☐ ont accepté | visiter le Louvre demain.
3. Ils ☐ n'étaient pas / ☐ ne sentaient pas | retournés là-bas.
4. Après ☐ avoir lu / ☐ lire | ce livre, je me sentais plus gaie.
5. Est-ce que tu ☐ voudrais / ☐ aurais | visiter le musée des Arts africains ?

Exercice 17

Écoutez ces répliques et écrivez les verbes indiqués à la forme qui convient.

Exemple : demander → demandé

1. sonner → ....
2. admirer → ....
   aller → ....
3. se disputer → ....
4. parler → ....
5. visiter → ....
6. laisser tomber → ....
7. aller → ....
8. donner → ....

Exercice 18

Reliez les deux phrases en une seule avec une construction infinitive quand cela est possible. Faites les transformations nécessaires.

1. Ce matin, j'ai vu plein d'oiseaux. Ils volaient au-dessus de Paris.
2. Il ne pourra pas arriver assez tôt demain matin. Il ne le croit pas.
3. Vous avez entendu votre portable ? Il a sonné.
4. La tempête arrivait. On l'a bien senti.
5. Il l'a admis. Il n'a pas été assez clair avec ses employés.
6. Les voitures sont passées à toute vitesse. On les a regardées.
7. Il n'a pas besoin de revenir sur sa décision. C'est ce qu'estime notre père.
8. Claudine ne voudra pas rentrer à Paris dimanche soir. Jean-Marc le pense.

UNITÉ 10
Humour

ARRÊT SUR IMAGE

Livre de l'élève pages 152 et 153

Exercice 19

Lisez cet extrait de forum sur la BD et répondez par écrit aux questions.

Posté le: Jeu 11 Sep 2003 à 09:02 par Belle des champs

Coucou,
Qui ne s'est jamais retrouvé en face de réfractaires de la BD. De personnes disant que les petits Mickey c'est réservé aux enfants ou à ceux refusant de grandir ??
Moi cela m'arrive assez fréquemment, on ne comprend pas que je puisse lire que ça... on se demande si je sais lire des vrais livres....
A toutes ces personnes j'essaye de faire découvrir la bande dessinée dans toute sa splendeur en essayant de leur faire comprendre qu'il y a autre chose après Astérix... pas évident
Or donc ce message est là pour que vous puissiez m'aider à trouver des albums incontournables que le quidam est susceptible d'apprécier, en essayant de dire pourquoi. Il faut généralement essayer d'éviter les albums à suite.

Posté le: Lun 24 Nov 2003 à 19:51 par Gotic

Alors moi je conseillerais des bd qui ont une approche suffisamment "intellectuelle" pour en mettre plein la vue aux gens qui ont des préjugés

Garduno, en temps de paix / Zapata en temps de guerre
Pillules bleus
Rural

J'en ai sûrement oublié

_____
Longue vie et prospérité !!!!!

Posté le: Ven 18 Juin 2004 à 22:22 par Lulu Pimpon

Personnellement j'ai conseillé à ma prof de français de lire Garulfo (alors qu'on étudiait Candide), elle l'a lu et m'a dit qu'elle ne pensait pas trouver de récit aussi bien construit dans une bande dessinée (si elle lisait De capes et de crocs que dirait-elle?)

Tout ça pour dire que généralement, les gens ont une idée trop arrêtée sur la BD (Astérix, Titeuf & co., etc...) et généralement il suffit de leur faire lire 2-3 trucs bien sympa pour qu'ils accrochent.

UNITÉ 10
Humour

Posté le: Jeu 11 Sep 2003 à 09:39 par Helmut — Citer

Pour tous ceux qui aiment la politique, les vraies idées exprimées et transcendées par un dessin fabuleux, réaliste (désolé pour le manque d'objectivité) je conseille plus que grandement les travaux en collaboration de Pierre Christin et Enki Bilal comme (dans le désordre) :

- Partie de chasse
- Les Phalanges de l'Ordre Noir
- Le sarcophage
- La Ville qui n'existait pas

Pour tous ceux qui dénigrent la bande dessinée et qui ont un minimum de culture

Posté le: Lun 24 Nov 2003 à 12:24 par Titoine — Citer

J'ai eu le même problème dans ma famille. Je suis le seul, en plus, à être bédéphile et à m'intéresser, aussi, à la littérature.
Comme ils sont pas très "futés" il m'a fallu pas mal de temps avant qu'ils acceptent mes choix. Maintenant c'est pour la musique que cela devient difficile, mais bon c'est un autre débat.
Alors les BD que je conseille aux sceptiques:
- Thorgal
- XIII
- Largo Winch

---

1. Quel est le problème soulevé par les personnes qui se sont exprimées dans ce forum ?
2. Dans quel but Belle des Champs écrit-elle son message ?
3. Quel est le reproche qui est souvent fait à Belle des Champs ?
4. Quel type de BD Christin et Bilal composent-ils ?
5. À qui Helmut aimerait-il s'adresser dans son message ? Pourquoi ?
6. Quelle est la particularité de Titoine dans sa famille ?
7. Comment Titoine trouve-t-il les membres de sa famille ? Que pensez-vous de cette remarque ?
8. Dans quel but Gotic conseille-t-il des BD « intellectuelles » ?
9. Quelle a été l'expérience de Lulu Pimpon ? Qu'a-t-il tiré de cette expérience ?

Transcriptions

Transcriptions

Module 1
(Inter)agir à propos d'informations et d'opinions

UNITÉ 1 · Souvenirs

Exercice 2
– Non, c'était sympa. Alors par contre après j'ai été à Pékin, donc ça, c'est assez magique. La ville est pas du tout jolie, mais euh... les sites sont fabuleux. Quand tu vois la muraille de Chine...
– La muraille de Chine !
– C'est vrai que ça fait rêver.
– Ah oui !
– La Cité interdite, on s'est perdus pendant quasiment une journée dans la Cité interdite. C'est immense !
– Ah c'est aussi grand que ça !
– Ah ! c'est... en fait, c'est incroyable, c'est des, des cours carrées avec des temples qui n'en... tu traverses un temple t'as de nouveau un autre et de nouveau un autre, c'est vraiment comme les pi..., les poupées russes en fait.
– Tu euh... tu passes par des cours successives, les unes après les autres, mais ça fait, je sais pas combien d'hectares, c'est immense, immense. Vraiment, tu y passes la journée entière et encore tu vois pas tout. C'est.... Alors toutes les cours finissent par se ressembler parce que c'est bourré de temples mais qui sont... assez semblables les uns aux autres. Mais, c'est gigantesque...
– Mais est-ce qu'il y a... y a beaucoup de monde ? Y a beaucoup d'Européens ? T'en vois, t'en croises beaucoup dans les rues ?
– Y a pas beaucoup d'Européens. Par contre, y a beaucoup de tourisme local, enfin de tourisme chinois. Local, je sais pas mais euh... y a énormément de tourisme. Alors, ce qui est incroyable, c'est quand ils voient euh... débarquer un Européen, les tourismes ch..., les touristes chinois te prennent en photo. La première fois, c'est assez curieux.

Exercice 3
1. Alors, par contre, après, j'ai été à Pékin, donc ça, c'est assez magique.
2. Les sites sont fabuleux.
3. Ah ! c'est... en fait, c'est incroyable.
4. Mais ça fait je ne sais pas combien d'hectares, c'est immense.
5. Vraiment, tu y passes la journée entière.
6. C'est bourré de temples mais qui sont assez semblables les uns aux autres.
7. Mais, c'est gigantesque...
8. La première fois, c'est assez curieux.

Exercice 11
Quoi ? Les copains et la pétanque sous les arbres en plein mois d'août ? Mais comment... comment pourrais-je oublier ça ?
Ah ! Et les filles... Ah ! Oui, les filles, avec la peau dorée par le soleil... Ah ! Je m'en souviens comme si c'était hier ! La Francine, la Cécile et...la fille du boulanger... je ne me rappelle plus son nom... Comme elles étaient belles, toutes ces petites ! C'est ça, le sud, les gens sont agréables, ils sont souriants. Et quand je pense à la fête que j'ai organisée pour mes 30 ans... un monde fou... Ah oui, une fête d'enfer !! Je ne sais plus combien on était mais il y avait du monde, ça oui ! Et je me souviens de tous mes cadeaux... Par contre, je n'ai pas le moindre souvenir du vieux Marcel dont tu me parles. C'était qui, celui-là, au juste ?

Exercice 13
Moi, mes meilleurs souvenirs, je crois que c'était les vacances d'été quand on partait en Espagne avec mes parents et mon frère. Ce n'est pas Noël ? Euh... bah non. Pas particulièrement. J'aimais bien Noël mais le départ en Espagne, c'était toujours le moment de l'année ! On partait tous les quatre pour un mois en deux-chevaux. Une sacrée bagnole, la deux-chevaux : à certains moments on se serait cru dans un bateau tellement elle se couchait d'un côté puis de l'autre... au rythme des virages. On rigolait comme des baleines, avec mon frère. Normal, dans le bateau... Non, mais, sérieusement... vous vous rendez compte, plus de 1 000 kilomètres à quatre dans une deux-chevaux ? Ce qui était incroyable aussi, c'était le bruit du moteur ; il n'avait que deux chevaux mais ça faisait un bruit infernal, là-dedans ! Et puis, ces vacances étaient toujours délicieuses. Mes parents étaient détendus, pas stressés par le boulot, comme à Paris. J'étais beaucoup plus libre, aussi. Je retrouvais chaque année les mêmes copains. Et puis, il y avait les filles aussi... Certaines étaient très jolies et avec mes copains, on essayait de sortir avec elles, bien sûr... Et puis, il faut dire que ça marchait pas mal. Alors nous, on était contents, vous comprenez ?

Exercice 16
1. Ah ! oui, très chaleureuse, gaie. On se sentait bien, tout simplement.
2. Tropical, c'est celui que je préfère, pas toi ?

Transcriptions

3. Plutôt contrasté : montagnes au nord, mer au sud.
4. Intéressante, oui. Beaucoup de musées, un magnifique théâtre, un fleuve qui la traverse... et des quartiers très divers !
5. Ils sont plutôt montagneux et verdoyants. Je te montrerai nos photos.

Exercice 17

1. – Tu as vu le programme du festival de Gannat pour cet été ?
   – Non, pas encore, mais j'adore les danses traditionnelles alors peu importe.
2. – Est-ce que vous savez pourquoi on ne peut pas passer en voiture devant la mairie ?
   – Oui. La police municipale a bloqué la rue car il y a une manifestation aujourd'hui.
3. – Tiens, tu t'es acheté un cédé de Zazie ?
   – Oui. Hier soir, j'ai assisté à son concert et c'est vraiment une chanteuse formidable !
4. – Est-ce que tu as pris le temps de lire les documents pour les élections ?
   – Oui, j'ai lu la Constitution européenne en entier, mais qu'est-ce que c'était long !
5. – Il paraît que le Cirque Frus s'est installé dans le parc. Tu vas y aller ?
   – Bien sûr ! Je ne veux pas manquer les acrobates. Ils font un numéro impressionnant !
6. – Est-ce que vous êtes allés voir cette exposition au musée du Ranquet ?
   – Oui, et je ne vous la conseille pas. J'ai trouvé ces tableaux monstrueux !

Exercice 21

Une rue qui penche
Un bal sous les branches
C'est un vieux moulin
Qui ne moud plus de grains
Sous ses grandes ailes
Les filles sont belles
C'est un jardin fleuri
Tout en haut de Paris

Le joli moulin de la Galette
A des ailes couleur du temps
Et les refrains de ses chansonnettes
Tournent, tournent au rythme du vent
Il fait danser garçons et fillettes
Et plus d'un un soir de printemps
Pour un petit béguin
À jeté bien loin
Son bonnet par dessus le moulin

C'est là qu'un dimanche
Sous ses ailes blanches
Deux grands yeux moqueurs
Ont charmé tout mon cœur
Dans ce coin bohème
Il m'a dit « je t'aime »
Et depuis notre amour
A grandi
Chaque jour

Le joli moulin de la Galette
A des ailes couleur du temps
Et les refrains de ses chansonnettes
Tournent, tournent au rythme du vent
Il fait danser garçons et fillettes
Et plus d'un un soir de printemps
Pour un petit béguin
A jeté bien loin
Son bonnet par dessus le moulin
Pour un petit béguin
A jeté bien loin
Son bonnet par-dessus le moulin

Lucienne Delyle

UNITÉ 2 - L'Amant (Marguerite Duras)

Exercice 4

1. Antoine dit à Alice: « Demain, je pars en vacances avec des amis. »
2. Alice lui demande où ils partent.
3. Antoine répond qu'ils vont au bord de la mer, près de Nice.
4. « Et vous restez combien de temps là-bas ? », demande Alice.
5. Antoine lui explique qu'ils resteront une petite semaine seulement.
6. Antoine demande à Alice : « Tu veux venir avec nous ? Il reste une place dans la voiture. »
7. Alice répond, un peu triste : « J'aurais bien aimé mais je n'ai pas de vacances. »
8. Antoine lui dit que c'est dommage mais qu'il lui enverra une petite carte postale.

Exercice 6

1. Laure dit que sa fille déménage car son mari vient de trouver du travail à Lyon.
2. Elle nous demande de quel pays nous venons.
3. Le garagiste lui explique pourquoi sa voiture ne marche plus.
4. Boris nous demande où il peut acheter des places pour le concert de Garou samedi soir.
5. Mon fils conseille à ses amis de venir s'inscrire dans le club de foot où il joue.
6. Mes voisins demandent si nous pouvons garder leur chat pendant leurs vacances.

Exercice 16

1. Tu vois bien que je suis en train de la piquer.

2. T'es flic ?
3. Faudrait être con pour piquer une bécane.
4. Vous avez vraiment pas la tronche d'un flic.
5. C'est le boulot de flic qui veut ça.
6. Je pige pas.

Exercice 18

1. Elle ne veut pas prendre rendez-vous chez le médecin.
2. Tu manges jamais de chocolat !
3. Nous ne partirons pas demain matin.
4. Vous avez jamais vu ce film.
5. Hier soir, il avait pas envie d'aller au ciné.
6. Je ne parle pas très bien français.
7. Cette fois, on voyagera pas en train.
8. Elles ont vraiment peur de rien.

Exercice 19

(les e soulignés sont des e muets)
Exemple : Je ne vais pas venir.
1. Je suis en retard
2. On se voit demain
3. Regarde ma petite sœur !
4. Je sais pas si je reviendrai.
5. Je reviens de Paris samedi.
6. Je les ai retrouvés boulevard Picasso.

Exercice 20

1. Non mais qu'est-ce que t'as foutu ? T'as vu l'heure !
2. Y a rien qui me plaît ce soir au ciné.
3. Je me suis demandé où tu étais, tu es très en retard !
4. T'aurais pas vingt euros à me passer par hasard ?
5. Aucun film ne m'intéresse ce soir au ciné.
6. Tu pourrais me prêter vingt euros, s'il te plaît ?

Module 2
(Inter)agir à propos d'émotions et de sentiments

UNITÉ 3 - Famille

Exercice 1

– Alors aujourd'hui, le mot qui nous intéresse est le mot « famille ». Ce matin, nous avons le plaisir d'accueillir dans notre studio Christine-Laure Anton, rédactrice en chef du magazine *Femme aujourd'hui*.
– Bonjour.
– Bonjour Christine-Laure. Alors, qu'évoque pour vous le mot « famille » ?
– Famille, famille... Pour moi, c'est un des mots les plus fleuris parce que, on peut être presque seul et avoir une merveilleuse famille d'amis. Ce n'est pas forcément nécessaire d'avoir un mari, une femme et des enfants. Il me semble que, que c'est un terme très étendu ; bien sûr, la famille, c'est... c'est les frères, les sœurs, les cousins, mais comme je viens de le dire, il ne faut pas oublier la famille d'amis. La famille peut être aussi un homme et un enfant, une femme et un enfant... C'est un mot très, très, très... éclaté. On parle de familles homoparentales, il y a quelque temps, on parlait de familles monoparentales... Pour moi, c'est un des mots de la langue française qui s'est le plus enrichi ; c'est un mot plein d'amour. Il y a « famille, je vous hais. » mais il y a surtout « famille, je vous aime. ». On n'est plus dans le carcan bourgeois, dans le domaine de l'hypocrisie. Maintenant, on choisit sa famille, on choisit d'aimer qui on veut et cela constitue des liens très forts.

Exercice 3

1. – Ça va bien, toi ?
– Qu'est-ce que tu es agaçant, mon pauvre Claude !
– Moi, agaçant ? Mais pourquoi ?
– Tu me poses la même question quinze fois par jour...
– Oh ! calme-toi... C'est plutôt gentil de ma part, non ? Et puis, tu exagères un tout petit peu, tu ne crois pas ?
2. – Claudine, vous rappellerez les éditions Lafon, je vous l'ai déjà demandé plusieurs fois. Et puis, est-ce que vous avez envoyé un message de confirmation à Claude Lemoine pour le 25 mai ?
– Euh... non, pas encore, je vais le faire dans la journée.
– Dans la journée, dans la journée...Ça commence à bien faire ces réponses ! Vous me dites toujours la même chose mais le travail n'est jamais fait à temps !
– Ce n'est pas la peine de vous énerver, Madame Marimon, je ne peux pas aller plus vite, j'ai trop de travail !
3. – J'en ai plein le dos de tes histoires, Jérôme ! Tu me dis que tu es chez Marc et je découvre maintenant que tu as passé la journée chez Sébastien. Comment je fais, moi, si j'ai besoin de te joindre, hein ?
– Oh maman, tu vas pas en faire tout un plat ! Nos projets ont changé, c'est tout ! Et puis, j'ai un portable, tu peux très bien me joindre !...
4. – Attendez, c'est trop fort, ça ! J'ai pris la peine de téléphoner pour vous demander de quoi j'aurais besoin pour faire renouveler mon passeport. J'ai tous les papiers avec moi et maintenant ça ne vous suffit pas !

Transcriptions

– Mais monsieur, ne vous énervez pas comme ça... J'ai absolument besoin d'un justificatif de domicile. Vous pouvez peut-être revenir demain ?

– Ah non ! Ça me met hors de moi d'entendre des choses pareilles !

Exercice 6

1. – Oh ! mais tu es un peu trop sensible, Myriam. Philippe n'a pas dit ça méchamment, je sais qu'il t'aime bien. Tu ne vas quand même pas te fâcher pour un truc pareil ! Tu vas revenir travailler avec nous sur ce projet...

– Alors là, pas question ! Ras-le-bol des remarques désobligeantes de Philippe !

2. – Quelle bonne tarte, félicitations à la cuisinière...

– Ah ! oui, super, la tarte ! Il n'y a pas assez de sucre et elle est un peu brûlée... Qu'est-ce que je peux être nulle ! Je fais ça à chaque fois !

3. – Tu as fait les soldes, hier ?

– Ah ! oui, m'en parle pas, un monde incroyable dans les magasins... En tout cas, j'ai trouvé un ensemble Kenzo magnifique pour 75 euros. Bah ! j'étais contente !

4. – Bon allez, je prépare quelques tomates et une omelette, on mange vite et on y va.

– Super !

5. – On a essayé de tout remettre en place mais on ne sait pas toujours où les choses doivent se ranger...

– Bravo pour ce grand ménage !

6. – Je n'ai pas trouvé le garage où tu emmènes ta voiture habituellement. Je l'ai laissée chez le garagiste de la grande avenue. J'ai bien fait, non ?

– Ah ! oui, bravo ! Je suis ravie... Comme ça, je paierai assez cher !

Exercice 7

1. – Le patron demande que nous nous retrouvions tous en salle de réunion à 12 heures.

– Ouais ! Super ! Et on déjeune quand ? Il est drôle, je trouve...

2. – Non, non, non, c'est insupportable ! Je ne retournerai plus au cinéma avec toi. Tu aimes les films violents et pas moi !

– Calme-toi, ce n'est pas ça la violence...

3. – Voilà... Chambre 208 pour vous, Madame. Vous avez le sauna ici à droite et la piscine est sur le même étage, au bout du couloir. Pour vous accueillir, voici un petit cocktail de fruits et quelques biscuits. Bon appétit !

– Alors là... rien à redire... Parfait !

Exercice 19

1. – Qu'est-ce qui se passe ? Ça n'a pas l'air d'aller aujourd'hui...

– Je me sens un peu déprimé, c'est vrai... Je ne sais pas pourquoi.

2. – Qu'est-ce qu'il y a ?

– Qu'est-ce qu'il y a ? Je suis ravie qu'on parte demain, c'est tout.

3. – Alors Barbara, quoi de neuf ?

– Je n'ai pas trop la pêche, à part ça, ça peut aller...

4. – Ce n'est pas une bonne idée d'avoir invité Nicolas et Marie ?

– Si si, ça me fait plaisir de les voir.

5. – Qu'est-ce que vous en dites de ce petit sandwich grec ?

– Oh ! C'est trop bon !

6. – Tu as une drôle de tête ? Ça ne va pas ?

– Toutes ces voitures dans ma rue. Impossible de fermer l'œil avant minuit ! Je n'en peux plus !

UNITÉ 4 - Peurs

Exercice 5

– Michel, vous avez perdu votre emploi il y a deux ans. Comment ça s'est passé ?

– Bah, pas très bien... D'abord, il y avait, y avait une mauvaise ambiance dans l'entreprise. On savait que ça tournait pas, disons que, on savait que l'entreprise avait des difficultés, des problèmes financiers, alors tout le monde se demandait combien de temps ça allait, euh... si la boîte risquait pas de fermer quoi, ou si il n'y en aurait pas certains d'entre nous qui devraient, qui allaient être licenciés... Alors, déjà, il y avait pas mal d'inquiétude, quoi.

– Et pour vous particulièrement.

– Oui, moi, particulièrement, parce que... j'étais un des derniers à être entré dans l'entreprise, alors, dernier rentré, premier sorti.

– Et alors ?

– Ah ! bah, en février, premier sorti !

– Ç'a été difficile ?

– Bah, oui, bien sûr, évidemment ! Parce que moi, parce que j'avais trouvé un bon boulot, ça me plaisait bien. Et puis pour vivre, on a besoin d'argent, hein, pour les emprunts à la banque, pour la maison, tout ça quoi. Moi ça faisait juste un an que j'étais dans la boîte. Et puis, au début, j'angoissais pas trop. Il y avait les allocations chômage, et puis je me suis dit que j'allais trouver un autre travail vite fait.

– Et ça n'a pas été le cas ?

– Oh, bah, des petits boulots à gauche à

Transcriptions

droite, mais rien de sérieux, quoi. Mais des petits boulots... au bout de six mois, j'ai commencé à avoir vraiment peur, parce que je voyais rien venir.
– Votre femme travaillait ?
– Oui, oui, mais bon, elle, elle ne gagnait pas beaucoup plus que le SMIC. Alors, c'était pas facile vous savez. Le moral en prend un coup, hein !
– Et depuis ?
– Bah, ça s'est pas arrangé. Et là, hein, vous savez, je finis par être vraiment, vraiment très inquiet. On pense jamais que ça peut nous arriver, mais là, vraiment, c'est effrayant de, de voir qu'on est dans une situation pareille et que, que y a pas moyen, on, on trouve pas de solutions...

Exercice 19

1. Ludivine est à Lyon aujourd'hui. Elle passe un entretien pour entrer à l'université, en cinquième année. Il paraît qu'ils ne prennent que 30 personnes.
2. J'ai eu un coup de fil du propriétaire cet après-midi. Ils vont faire des travaux dans l'immeuble le mois prochain.
3. Elle connaît bien le Sénégal, mais c'est la première fois qu'elle va au Cameroun.
4. Florence est déjà partie à la réunion ? Mais, elle n'est pas venue chercher les documents pour la réunion, dans mon bureau !
5. Si tu vas prendre un café, ce n'est pas la peine de te déplacer, la machine, elle est en panne !
6. Dis donc, tu as vu les résultats annuels ! Avec l'augmentation des exportations, on a fait 2,5 millions de bénéfices ! Pas mal, hein !

Exercice 21

1. – Hubert ? C'est Christian. Il y a madame Ogoutolou qui passe cet après-midi, est-ce que tu pourrais la recevoir ?
– Ogoutolou ? De la société Valdec international ?
– Oui, c'est ça.
– Mais c'est Isabelle qui s'occupe de cette société habituellement, non ?
– Oui, mais j'ai besoin d'elle, cet après-midi, alors j'ai pensé...
– Non, non, j'en ai rien à faire. C'est Isabelle qui s'en occupe, ce n'est pas moi !
2. – Donc, ce que nous vous proposons, c'est de modifier votre emploi du temps actuel. Au lieu de travailler le lundi matin, vous viendriez le samedi matin.
– Ah, non, non, ça ne m'intéresse pas. Moi, je veux mon samedi.
– Votre réponse nous déçoit beaucoup, vous comprenez, chacun doit faire des efforts...
3. – Bon, et alors, quand est-ce que vous revenez nous voir à Toulouse ?
– Oh là là ! Ça, je ne sais pas. En juillet, on va en Bretagne, alors je ne sais pas quand...
– Ah, c'est dommage que vous habitiez aussi loin !
– Mais, et vous ? Ah ! La prochaine fois, c'est vous qui venez ! Obligé !
4. – Moi, je ne trouve pas ça normal que Caroline soit passée chef de service. Ça ne te dérange pas, toi ?
– Euh, de quoi ? Caroline ? Euh, tu veux que je te dise, ça ne me fait ni chaud ni froid.
– Quand même ! Caroline, chef de service !
5. – Alors, il y a deux films que j'aimerais voir, le premier c'est « Va, vis et deviens » et l'autre « Les mauvais joueurs ». Tu veux voir lequel ?
– Bah, ça m'est égal, je ne les connais pas !
– Bon, c'est moi qui décide alors !

Exercice 22a

1. Vraiment, je suis inquiet !
2. Mais, elle s'en moque !
3. Mais, j'en ai marre !

Exercice 23a

1. C'est vraiment ter-ri-fiant.
2. Non, ça ne-va-pas !
3. Elle est fan-tas-tique !
4. C'est dé-goû-tant !

Module 3
(Inter)agir à propos d'activités ou d'actions

UNITÉ 5 - Conversations

Exercice 4

1. – Ta télé est vraiment trop petite, on ne voit rien ! Tu devrais en acheter une autre.
– J'aurais bien aimé changer de télévision mais malheureusement je n'ai pas assez d'argent.
2. – Pour cet été, qu'est-ce que tu penses d'un petit tour en Europe pendant 2 mois ?
– Ce projet a l'air intéressant mais nous devons y réfléchir tous ensemble.
3. – Alors c'est impossible, je ne peux pas voir le responsable ?
– Nous sommes désolés de ne pas pouvoir vous recevoir aujourd'hui mais M. Dumont est absent.

4. – Vous avez pris une décision pour vos problèmes d'appartement ?
– Pour le moment, nous ne savons pas ce qui est le mieux : rester ici ou déménager, c'est à voir.

5. – Tu viens avec moi à l'aéroport demain ?
– Je regrette mais je ne t'accompagnerai pas, j'ai vraiment trop de travail.

6. – Alors, souhaitez-vous vous associer à notre groupe pour ce nouveau programme ?
– Nous aimerions bien participer à ce projet mais c'est impossible car notre entreprise manque de personnel.

7. – Seriez-vous d'accord pour orienter votre nouvelle campagne de publicité dans cette direction ?
– Cette proposition mérite réflexion mais je ne peux pas vous donner une réponse définitive aujourd'hui.

8. – Monsieur Cellier, avez-vous réfléchi à ma demande ?
– Oui mais, malheureusement, je suis dans l'impossibilité d'augmenter votre salaire actuellement.

Exercice 8

1. Si vous lui faites un cadeau, offrez-lui un bouquet de fleurs !
2. Si vous appelez ce numéro, vous gagnerez des places de cinéma.
3. Si Éric a assisté à la réunion, il a certainement rencontré le nouveau directeur.
4. Si la secrétaire n'a pas rappelé Monsieur Jouanet, qu'elle le fasse maintenant !
5. Si tu as aimé le premier roman d'Amélie Nothomb, tu adoreras les suivants.
6. Si je n'ai pas reçu toutes les candidatures lundi, j'attends jeudi pour prendre une décision.

Exercice 11

1. – Il aura fini dans combien de temps ?
– Il devrait rapidement terminer ce travail à condition que personne ne le dérange.

2. – Je ne sais pas si je vais à la gare à pied ou en bus.
– Ne t'inquiète pas ! J'ai appelé un taxi pour que tu ailles à la gare plus rapidement.

3. – Je pense qu'elle devrait quand même l'appeler.
– À supposer qu'elle l'ait au téléphone, qu'est-ce qu'elle lui dira ?

4. – Qu'est-ce qu'il y a d'écrit sur la notice de ce médicament ?
– En cas de douleurs et de fièvre, allez voir votre médecin.

5. – Tous ces voyages à Paris pour rencontrer nos futurs partenaires m'ont épuisé !
– Vous devriez prendre une semaine de vacances pour vous reposer.

6. – Pourquoi est-ce qu'on ne voit Éric sur aucune de ces photos ?
– Il était malade le jour du mariage de sa sœur donc il n'a pas pu y assister.

7. – Ce voyage est vraiment trop long !
– Nous serions déjà arrivés sans cette grève du personnel navigant.

8. – Sophie a toujours été très douée pour apprendre les langues.
– C'est vrai, elle en parle quatre couramment mais là, elle a des difficultés avec le russe.

9. – Colette vient d'être licenciée, son entreprise va fermer.
– Oui et à moins d'un miracle, je ne vois pas comment elle pourrait retrouver du travail.

10. – Stéphane a joué au loto samedi, j'espère qu'il va gagner.
– Imaginez qu'il gagne, que fera-t-il de tout cet argent pour lui tout seul ?

Exercice 14

1. Tu as envie de venir, oui ou non ?
2. Elle doit travailler si elle veut réussir ses examens.
3. J'aimerais bien savoir où il est allé.
4. Nous sommes toujours contents de vous voir.
5. Il a perdu trois points sur son permis de conduire.
6. Et c'est tout ce que tu as trouvé comme excuse.
7. C'est terminé ! Tu es privé de sortie pendant quinze jours.
8. C'est encore moi qui dois faire la vaisselle !

Exercice 17

1. – Est-ce que vous savez si le patron a lu le nouveau règlement ?
– Je crois que oui et à votre place, j'irai immédiatement lui demander ce qu'il en pense.

2. – Samedi, j'emmènerai bien ma femme dîner « Chez Yoyo ».
– Fais attention ! Il y a toujours du monde dans ce restaurant alors je te conseille de réserver.

3. – Alain a déjà signé son nouveau contrat de travail ?
– Non, mais il vaudrait mieux qu'il signe ces papiers le plus tôt possible.

4. – J'en ai marre d'aller à Lyon en train, il faut changer 3 fois, c'est super long !
– Pourquoi ne pas y aller en avion cette fois, ce serait plus rapide ?

Transcriptions

5. – Lucie et toi, vous avez trouvé un sujet pour votre exposé sur la politique européenne ?
– Impossible, elle n'est jamais au courant de rien ! Elle devrait lire les journaux plus souvent.

6. – Ces jeunes informaticiens ont des problèmes pour trouver un travail près de chez eux.
– Je leur suggère d'aller habiter en ville pour en trouver un plus facilement.

7. – Tu connais ce chanteur qui s'appelle M ? Il est bien ?
– Oui, il est vraiment super, je vous encourage à venir écouter son prochain concert.

8. – Je ne sais pas ce que j'ai, je ne me sens pas très bien.
– Si tu veux un conseil, fais du sport ! Tu te sentiras mieux.

UNITÉ 6 - Et si …

Exercice 2
Lecture intégrale de la BD de Bretécher proposée dans le manuel pages 82 et 83.

Exercice 6
1. À ta place, je ne serais pas intervenu pour si peu.
2. Tiens… On aurait oublié de fermer la porte du garage en partant ?
3. Je sais, il aurait bien voulu que Franck fasse lui-même le compte rendu de réunion.
4. Vous auriez eu intérêt à demander l'échange de cette imprimante, non ?
5. Elle aurait pu m'appeler, quand même !
6. Je ne sais pas, Majid m'a dit que tout le monde aurait préféré ne pas attendre…

Exercice 12
1. – C'est bien que tu lui aies dit, tu ne trouves pas ?
– Non, j'aurais mieux fait de me taire, je lui ai fait de la peine inutilement.

2. – Vous avez fait ce que vous deviez faire, vous n'avez rien à vous reprocher !
– Peut-être mais ça me met hors de moi de voir que certaines personnes sont aussi peu responsables, c'est ça qui m'énerve, vous comprenez ?

3. – Alors, il est comment ton nouvel employé, celui qui arrive de votre filiale de Nantes ?
– Bah… Il est très sérieux, toujours à l'heure, rigoureux… Mais en fait, j'ai parfois des petits doutes sur ses compétences, tu vois…

4. – Si j'avais su, je ne serais pas partie en vacances.
– Ne dis pas ça, tout le monde a besoin de vacances et tu as bien fait !

5. – Oh bah, qu'est-ce qui se passe, Michel, t'es pas bien ?
– Des problèmes à la maison, plein de soucis au boulot… en ce moment, c'est le cauchemar !

Exercice 25
Oh ! bonjour !

Module 4
(Inter)agir
dans des situations sociales

UNITÉ 7 - Débat

Exercice 3
Dialogue 1
– Eh bien, voyez-vous, les îles de l'Europe sont certes différentes, elles ont chacune leurs particularités, mais elles ont aussi des points communs, des caractéristiques communes. La première de ces caractéristiques, c'est la mer, c'est l'éloignement qui pose des problèmes en matière d'échanges avec le continent, en matière de transport de marchandises et de personnes.
– Mais non ! Il n'y a pas de problème d'échanges ou de transport ! On a des bateaux, tout de même ! Et des avions, et le téléphone !
– Si vous permettez ! On ne se déplace pas aussi facilement entre Ajaccio et, et Lyon qu'entre Paris et Lyon. Les infrastructures de transport sont plus importantes.
– Non ! Je demande la parole. Je demande… Il y a des problèmes bien plus sérieux que celui des transports et je n'ai pas envie de perdre le temps qui nous est donné à discuter de faux problèmes. J'aimerais parler des structures économiques des petites îles de l'Europe, j'aimerais parler de leur place dans l'économie de l'Union européenne…

Dialogue 2
– Je voudrais insister sur un autre point qui est, à mon sens, un trait fondamental de ces îles de l'Europe, c'est un problème de taille. Plus un espace est petit, plus il dispose de ressources faibles. Les ressources, c'est bien sûr les ressources en matières premières, les ressources économiques, mais aussi les ressources en hommes, les ressources intellectuelles, les ressources en savoir-faire.
– Je voudrais dire quelque chose à ce sujet.
– Laissez-moi parler ! Je termine, j'en ai pour trente secondes, vous exposerez votre point de vue ensuite.
– Oui, excusez-moi, c'était en rapport avec les ressources humaines, mais, allez-y, terminez.

Transcriptions

Exercice 5

Dialogue 1

– Qu'est-ce que tu regardes ?
– Une émission sur l'Union européenne.
– Ah, ouais, c'est intéressant ?
– Oui.
– Mais ça parle de quoi ? Ça n'a pas l'air très rigolo.
– Tais-toi ! J'arrive pas à suivre !
– Toi, non, plus, tu n'es pas très rigolote !
– Ah, mais, la ferme !

Dialogue 2

– ... on a donc une variation relativement importante, comme vous le voyez, des résultats par pays. Suède – 7,2 %, Norvège – 12,35 %, Finlande – 10,78 %, etc., ce sont les chiffres les plus importants pour l'Europe, opposés, heureusement à des hausses en particulier en Amérique latine : Brésil + 14,5 %, Argentine + 9,63 %, Chili + 8,9 %. Il nous faut donc vérifier l'origine de ces variations.
– Alors, il revient, et il me dit : « Moi, c'est pas comme ça que je travaille ! Ça ne peut pas continuer comme ça ! », fâché, tu vois, et sûr de lui.
– Oui, et qu'est-ce que tu lui as répondu ?
– S'il vous plaît !
– Oh, bah, je n'ai pas hésité.
– Excusez-moi ! Vous avez un commentaire à formuler ?
– Euh, non, non.
– Donc, je disais, il nous faut vérifier l'origine de ces variations, bien évidemment, conforter notre progression en Amérique latine et essayer de retrouver les parts de marché scandinaves. Nos distributeurs nous ont chacun adressé un bilan comparatif pour chaque produit.
– Je te raconte tout à l'heure.

Dialogue 3

– Allo !
– Madame Lafourcade ?
– Oui.
– Bonjour madame. Sylvain Bourgeois, de la société Sannier.
– Bonjour monsieur.
– Maman, maman ! Théo, il veut pas me laisser jouer à la console !
– Je ne vous dérange pas ?
– Non, non.
– Euh... J'ai reçu votre candidature pour le poste d'attaché commercial. Et votre CV m'a paru particulièrement intéressant.
– Maman ! Théo !
– Chut ! Les enfants, je téléphone !
– Oui.
– Mais peut-être avez-vous déjà trouvé autre chose ?
– Non, non, pas du tout, ça m'intéresse toujours.
– Ah, bien, bien...

Exercice 6

– Jérôme Dutrin, vous êtes professeur d'économie, spécialiste de l'Europe, auteur de nombreux ouvrages, comment, vous, voyez-vous l'avenir de l'Union européenne ?
– Oh, vous savez... attendez... je crois qu'il faut avoir à l'esprit trois points, trois points qui me semblent importants. En premier lieu, l'Union européenne représente, elle est, aujourd'hui, le numéro un mondial en terme de production industrielle, en terme de production de services, en terme d'exportation, et bien d'autres choses encore...
– Nous avons une bonne place économique !
– Nous avons une bonne place. En second lieu, les sociétés, les entreprises de l'Union européenne ont des compétences professionnelles précieuses, qui datent de plusieurs décennies, et, et, ces compétences, elles les entretiennent, elles les font progresser, il y a de la recherche, active, qui permet de faire, d'améliorer les compétences. Enfin, troisièmement, nous avons la chance d'être une association de pays, et chaque pays a son identité, son caractère propre, vous voyez, ce qui nous permet d'avoir des sensibilités différentes, des analyses économiques différentes, et des idées différentes. Et chacun sait qu'un des moteurs de l'économie c'est les idées, c'est la créativité. S'il n'y a pas de créativité, on ne progresse pas, et nous, nous sommes riches de créativité. Ce qui fait que, il me semble, pour terminer, l'avenir de l'Union européenne...
– Mais en même temps, être une association de 25 pays, c'est aussi une faiblesse, c'est pas facile de faire en sorte que 25 pays fonctionnent ensemble : toutes nos différences, toutes nos divergences, et l'administration qui les accompagne, c'est un boulet quand même, non ?
– Un boulet, oui, mais, non, je ne suis pas sûr, mais, en même temps, un boulet, ça ralentit la marche, et ç'a peut-être du bon en définitive, parce qu'en économie ce n'est pas toujours celui qui court le plus vite qui gagne. Oui, il va gagner à court terme, mais ensuite il risque de s'essouffler et de manquer de force. Il faut de la réactivité, mais aussi voir dans le long terme. Non, je crois vraiment que, moi je pense que c'est une richesse.

Transcriptions

UNITÉ 8 - Francophones

Exercice 3

1. Mes amis s'étaient couchés très tard donc ils ont fait la sieste en début d'après midi.
2. Alors que j'avais une importante réunion ce matin, j'ai oublié tous mes dossiers à la maison.
3. Il nous a dit au revoir puis il est rentré chez lui déjeuner avec sa femme et ses enfants.
4. Il y a une grève importante des trains pourtant personne n'en a parlé.
5. Malgré une grande fatigue, elle a travaillé jusqu'à minuit.
6. L'entreprise a acheté des ordinateurs plus puissants pour pouvoir installer de nouveaux logiciels.
7. Bien que nous soyons invités à cette fête depuis longtemps, nous n'avons pas pu nous libérer.
8. La secrétaire est malade mais heureusement nous avons trouvé quelqu'un pour la remplacer.

Exercice 14

1. – Cette année, pour les vacances, on va à la mer ou à la montagne ?
   – Écoute, voilà ce que je te propose : on fait les deux, comme ça tout le monde est content !
2. – Est-ce que vous avez réussi à voir le directeur aujourd'hui ?
   – Non, il a encore refusé de nous voir alors nous avons décidé de faire grève !
3. – Loïc est encore venu me demander de l'argent, c'est la troisième fois ce mois-ci !
   – Tu sais, il a de gros problèmes d'argent. La banque ne veut plus lui en prêter et il ne peut même pas payer son loyer !
4. – Nous avons presque terminé d'organiser ce festival, non ?
   – Tu plaisantes ! Nous devons encore louer une salle, sélectionner une vingtaine de films et terminer les affiches !
5. – Je croyais que cette entreprise avait fermé et que Martin était au chômage.
   – Non, non, un grand groupe industriel l'a rachetée et il a profité de ce rachat pour devenir directeur.

Exercice 16

1. L'infirmière s'est lavé les mains avant de lui faire sa piqûre.
2. Ils se sont longuement promenés dans le parc.
3. Sa fille s'est cassé la jambe en jouant au basket.
4. Les enfants se sont préparé une tartine de confiture.
5. Elles se sont douchées à l'eau froide car il n'y avait plus d'eau chaude.
6. Elle s'est endormie sur le canapé en regardant le film.

Exercice 19

« Sinon, Ouidah est un coin paradisiaque. Le calme, la volupté, les palmiers, les plages immenses, les cases en bambou, des gens simples et sans chichis et falbalas et pas la moindre pollution. Tout est encore à l'état sauvage. C'est un coin idéal pour passer des vacances, pour finir allègrement ses jours ou pour tourner un film. »

Module 5
Structurer son expression

UNITÉ 9 - Le travail

Exercice 10

– C'est un autre discours, quoi, si tu veux, c'est une autre image,
– Bah, tiens c'est drôle que tu parles...
– Même si elle est violente, pourquoi pas, quoi.
– Tu parles de Béatrice Dalle, parce que justement, elle en parlait de ça, récemment, je ne sais plus dans quelle émission où elle disait que il y avait moins de rôles pour les femmes que pour les hommes et que, et que elle en tout cas, bon, elle ne prenait que les choses qu'elle aimait vraiment et qui étaient vraiment intéressantes, c'est la raison pour laquelle elle ne tournait pas souvent, quoi, parce qu'il y avait très peu de rôles vraiment intéressants, disait-elle.
– Est-ce que c'est pas aussi... si si c'est un reflet de société, c'est parce que, justement, tant que les postes, entre guillemets « intéressants », ou dans lesquels il se passe quelque chose, sont tenus par les hommes, si on veut faire un, écrire une histoire, on va systématiquement...
– Oui.
– Si on voulait faire un film sur les Amazones, on ne mettrait que des femmes dans le film, parce que, à l'époque, c'était une civilisation de femmes...
– Achille, quand même, on garderait un homme, mais bon...
– Là, on est dans un système qui reste malgré tout, encore, de toute façon très très masculin dans la société même si

ça change au fur et à mesure.
– Ce n'est pas spécialement... enfin, c'est représentatif de...
– Là où la donne est différente, c'est que dans ce milieu, si une femme arrive à atteindre un certain niveau dans sa carrière, etc., elle va quand même être... il va y avoir moins d'inégalité... tu vois...
– Oui bah, prends Isabelle Huppert par exemple...elle...
– Une actrice qui devient une star, elle va demander le même cachet que... que...
– Oui, mais en terme de, de composition...
– Et puis elle pourra choisir... non, Huppert elle choisit ce qu'elle veut, quoi !
– Qu'un homme...
– Et elle sollicite, elle, qui elle veut, parce que, elle peut mener sa carrière...
– Voilà !
– Mais, il n'y en a pas énormément, des actrices de cette... enfin, tu vois, qu'on... qui réussissent à faire ce genre de choses, en France.
– Ouais, en France.
– Dans tous les cas...
– En France...
– Parce que... tu vois bon... et alors, on ne parle pas de la maternité, parce que, alors, là, ça, c'est un vrai problème intéressant, quoi !

Exercice 11
Notre syndicat s'oppose au projet de loi qui institue l'apprentissage professionnel dans les lycées et ce pour trois raisons. J'expliquerai d'abord pourquoi il ne faut pas envoyer des adolescents en entreprise sans une première formation. Je montrerai ensuite le problème majeur de ce projet : il ne permettra pas aux jeunes d'obtenir de bonnes qualifications professionnelles. Au contraire, en faisant entrer très rapidement les adolescents dans les entreprises, sur le marché du travail, on leur enlève leurs chances d'obtenir de bonnes formations. Pour finir, nous verrons qu'en définitive le gouvernement veut donner aux entreprises un rôle de formation, mais ce n'est pas aux entreprises de former les jeunes.

Exercice 14
1. Et que, elle, en tout cas, bon, elle ne prenait que les choses qu'elle aimait vraiment, c'est la raison pour laquelle elle ne tournait pas souvent, quoi, parce qu'il y avait très peu de rôles vraiment intéressants, disait-elle.
2. C'est parce que, justement, tant que les postes, entre guillemets « intéressants », ou dans lesquels il se passe quelque chose, sont tenus par les hommes, si on veut faire un... écrire une histoire, on va systématiquement...

Exercice 19
– Vous avez travaillé à la DDAF ?
– Oui, pendant les vacances, l'an dernier. C'est un emploi que j'ai beaucoup apprécié parce que...
– Vous faisiez quoi exactement ?
– Comme je l'ai indiqué dans mon CV, j'avais des fonctions d'assistante, mais heureusement, on ne m'a pas fait faire que du classement.
– Oui ?
– Il y avait une partie gestion de dossiers, je devais contacter les clients, bon, pas vraiment les clients, les exploitants agricoles en définitive, je les contactais par téléphone lorsque les dossiers qu'ils avaient déposés à la DDAF étaient incomplets ou qu'il était nécessaire qu'ils fournissent, euh, des informations... des, des pièces.
– Ah, ah...
– Éventuellement, s'il manquait... si le dossier était vraiment, euh, s'il manquait beaucoup de pièces, je prenais rendez-vous avec la personne.
– Et c'est vous qui la receviez ?
– Oui, mais bien sûr, quand ça devenait trop complexe, j'avais une collègue au bureau d'à côté... Mais, euh, en général, ça se passait bien, c'était toujours le même type de dossier, je ne m'y perdais pas trop.
– Ah, c'est bien tout ça. Vous voyez, ça, vous ne l'aviez pas présenté comme ça dans votre CV.
– Oui, j'ai voulu faire court, alors, évidemment, j'ai dû...
– Vous avez dû faire des choix.
– Oui, voilà.
– Bien, bien, et puis, euh, alors, votre stage de... pour votre diplôme de...
– Alors, mon stage de Master. C'était chez Merval à Concarneau. J'étais au service des ventes. Merval, ce n'est pas une grande entreprise, mais euh ça bouge beaucoup, je veux dire, il y a beaucoup de clients, beaucoup de commandes à traiter, euh, et il y avait souvent des retours, des clients appelaient...
– Ah bon ?
– Oui... mais, euh, enfin, c'est une bonne entreprise, j'ai beaucoup appris, le directeur essayait aussi de m'expliquer un peu comment fonctionnait son entreprise, c'était très instructif.
– Ça vous a plu, on dirait.
– Oui, oui.

Transcriptions

Exercice 23

1. Est-ce que c'est pas aussi... si c'est un reflet de société, c'est parce que, justement, tant que les postes...
2. Si on veut faire un... écrire une histoire, on va euh... systématiquement...
3. C'est que dans ce milieu, si une... une femme arrive à atteindre un certain niveau dans sa carrière, etc., euh...
4. Elle va quand même être... il va y avoir moins d'inégalité...
5. Oui, bah, prends Isabelle Huppert, par exemple, elle...
6. Une actrice qui devient une star, elle va demander le même cacheton que...
7. Il n'y en a pas énormément, des actrices de cette... enfin, tu vois, qu'on... qui réussissent à faire ce genre de choses, en France.

UNITÉ 10 - Humour

Exercice 6

1. – On a vu l'expo contemporaine au château. Vous l'avez vue ?
   – Non, pas encore. Comment l'avez-vous trouvée, cette expo ?
   – Assez ordinaire, en fait.
2. – Alors, le dernier film de Woody Allen ?
   – Désopilant, comme d'habitude.
3. – Finalement, qu'est-ce que Fred a pensé du roman qu'on a acheté ensemble ?
   – Pas grand-chose. Il l'a trouvé plutôt insipide.
4. – Quel beau voyage. Vous avez de la chance quand même !
   – Oui mais tu sais, la vie a l'air plutôt monotone dans ce pays...
5. – Est-ce que tu as eu le temps de regarder le DVD du dernier spectacle de Muriel Robin ?
   – Ouais, les sketches sont impayables.

Exercice 11

dialogue 1

– Ah ! Tu sais, il est bien gentil, ton petit ami, mais il est beaucoup plus jeune que toi...
– Et alors, tu veux dire qu'on ne peut pas s'entendre si on a une grande différence d'âge ?
– Non, non. C'est pas ça. Ce que je veux dire, c'est que les goûts de chacun peuvent être très différents et que...
– Et alors ? Heureusement qu'on n'a pas toujours les mêmes goûts... Je ne saisis pas vraiment ce que tu essaies de me dire là, papa.

dialogue 2

– Bon, je répète pour ceux qui n'ont pas compris : « L'ordonnance d'urgence prévoit la baisse de l'impôt sur les sociétés de 25 % à 16 % ». Vous y êtes ?
– Oui, merci.
– Mais, Madame, qu'entendez-vous par « l'ordonnance d'urgence », s'il vous plaît ?

dialogue 3

– Tu as lu la note de la direction ? Dis donc, ça ne rigole pas... Écoute ça : « Les salariés qui n'auront pas exprimé leurs vœux avant le 21 mai devront se satisfaire de l'emploi du temps qu'on leur donne, autrement dit, aucun changement ne sera possible. »
– C'est bien la fiche rose qu'on a eue hier sur nos bureaux qu'il faut remplir ?
– Oui, c'est ça. Tu ne l'as donc pas regardée ?
– Oh eh, qu'est-ce que tu veux dire par là, toi ? Je ne fais pas ce que je dois faire, c'est ça ?
– Mais non...

Exercice 14

1. Bonjour Madame. Je voudrais euh... Comment ça s'appelle... Ce qui sert à couper les petites branches des arbres.
2. Ah ! Zut, je ne retrouve pas le mot... Pourtant je l'ai sur le bout de la langue... Tu vois ce que je veux dire ?
3. Il nous faudrait quelque chose de beaucoup plus grand pour pouvoir y mettre toutes nos courses.
4. Oui, attendez, je ne sais plus ce que je voulais dire mais ça va me revenir... Ah ! oui, ça y est !
5. Mais non, pas ça. Vous voyez bien ce que je veux dire, quand même, non ?

Exercice 17

Exemple : On ne leur a pas demandé leur avis.

1. Il est l'heure ? Tu as entendu le réveil sonner ?
2. Après avoir admiré les magnifiques tableaux des expressionnistes, nous sommes allés boire un verre.
3. J'ai vu les deux petites filles se disputer à la sortie de l'école.
4. Vous êtes venu pour parler à Monsieur Chupin ?
5. J'aimerais beaucoup visiter l'Afrique.
6. Zut ! J'ai laissé tomber un euro dans la rivière !
7. Les deux sœurs seraient allées voir leur grand-père à l'hôpital.
8. J'avoue ne pas avoir donné assez d'explications.

Corrigés

Corrigés

Module 1
(Inter)agir à propos d'informations et d'opinions

UNITÉ 1 pages 4 à 13 : **Souvenirs**

Exercice 1
1. faire saliver ; 2. fabuleux ; 3. vedette ; 4. terrifiants ; 5. rejoindre ; 6. expédition ; 7. explorer

Exercice 2

	vrai	faux	on ne sait pas
1.	X		
2.			X
3.		X	
4.			X
5.		X	
6.	X		
7.	X		

Exercice 3
1. magique ; 2. fabuleux ; 3. incroyable ; 4. immense ; 5. entière ; 6. semblables ; 7. curieux

Exercice 4
Proposition de corrigé
1. Nos amis nous ont emmenés dans un petit village fabuleux.
2. On a vu des temples incroyables avec des bouddhas gigantesques.
3. Je suis allé dans leur nouvelle maison. Elle est immense ! Il y a sept chambres, quatre salles de bains...
4. Je voudrais te montrer un petit magasin où on trouve plein de petites choses curieuses que tu ne verras nulle part ailleurs.

Exercice 5
1. n'existaient pas - ai pris ; 2. l'ai envoyé ; 3. ne savais pas - devais ; 4. a atterri ; 5. avait - est arrivée ; 6. était - a visité - ne connaissais pas ; 7. l'ai rencontré

Exercice 6
1. qu'elle m'avait faite au début de l'année.
2. que tu cherchais ?
3. parce qu'il avait su réorganiser son entreprise en 2003.
4. je l'avais emporté chez un technicien la semaine dernière pour une vérification.
5. que je ne comprenais pas.
6. que la IIIe République avait établie en 1881.
7. que je ne pouvais pas lui faire confiance.
8. Je ne l'avais pas vue depuis longtemps.

Exercice 7
(~~C'a été~~ - C'était) ; (m'a reçue - ~~me recevait~~) ; (ai dit - ~~avais dit~~) que je (~~n'ai jamais enseigné~~ - n'avais jamais enseigné) ; (m'effrayait - ~~m'avait effrayé~~) ; (~~n'a jamais pu~~ - n'avait jamais pu) ; (mimait - ~~avait mimé~~) ; (ne voyais plus - ~~n'avait plus vu~~) ; (~~m'a prêté~~ - m'avait prêté) ; (me suis vue - ~~m'était vue~~) ; (j'ai eu - ~~j'avais eu~~) ; (j'ai téléphoné - ~~je téléphonais~~) ; (m'a dit - ~~me disait~~)

Exercice 8

	Algérie	Brésil	Chine	Danemark
Wilfrid	en bateau			
Xavier				à vélo
Yvan			en voiture	
Zoé		en avion		

Exercice 9
Proposition de corrigé

Xavier Jacquot
1, rue Henri Lebrun
33000 BORDEAUX

Voyages Illico
37, avenue de l'Opéra
75001 PARIS

Bordeaux, le 16 juillet 2006

Madame, Monsieur,

Je me permets de m'adresser à vous pour vous exprimer mon mécontentement de retour de mon voyage au Costa Rica.

Tout devait être fantastique, alors qu'on a passé de mauvaises vacances : rendez-vous manqués, excursions annulées et beaucoup d'autres déceptions.

Pour commencer, deux jours avant le départ, nous avions appris que notre vol partirait de Roissy et non d'Orly comme cela nous avait été annoncé.

Nous n'avons pas volé sur Air France mais sur une petite compagnie aérienne qui ne nous a pas offert un bon service à bord.

Corrigés

Arrivés à l'hôtel, ma chambre n'était pas réservée et j'ai dû attendre trois heures, fatigué par le voyage, avant qu'on me donne une chambre.
Quant à l'excursion au Volcan Arenal, elle a été annulée... Personne ne nous a expliqué pourquoi et nous n'avons rien fait de spécial durant cette journée. On est bien allés à la réserve biologique Bosque Nuboso Monteverde mais nous n'avons pas fait la promenade au sommet des arbres comme cela était annoncé dans le programme.
Un seul point positif : l'initiation à la plongée sous-marine. Les professeurs étaient sympathiques et rassurants et tout s'est très bien passé.
Il me semble que pour le prix qu'on a payé ce séjour, nous avons de bonnes raisons d'être mécontents et nous aimerions beaucoup que vous nous donniez quelques explications.
Veuillez agréer, Madame, Monsieur, mes salutations distinguées.

Xavier Jacquot

Exercice 10
1. (tu te rappelles - ~~tu te souviens~~) ; 2. (j'ai oublié - ~~j'ai pensé~~) ; 3. (n'aurais pas oublié - ~~ne te serais pas souvenu~~) ; 4. (J'ai oublié - ~~Je n'ai pas le moindre souvenir~~) ; 5. (vous pensiez - ~~vous vous rappeliez~~) ; 6. (je n'ai pas le moindre souvenir - ~~j'ai oublié~~) ; 7. (se rappelle - ~~oublie~~) ; 8. (tu te souviens - ~~tu as le moindre souvenir~~)

Exercice 11
Paulo se souvient bien de ses copains et des parties de pétanque sous les arbres.
Paulo se rappelle les belles jeunes filles.
Il n'a pas oublié Francine et Cécile.
Paulo se souvient bien de ses 30 ans.
Paulo ne se souvient plus de tous les cadeaux qu'il a reçus.
Paulo ne se rappelle pas de Marcel.

Exercice 12
– Bah, tu ne **te souviens pas** de moi ?
– J'**ai oublié** son nom...
– ...mais je ne **rappelle** pas du tout ton visage, excuse-moi. Tu es... ?
– Non, pardon, mais je n'ai pas **le moindre souvenir** de ton nom, non plus.
– Tu **te souviens** d'eux ?
– Tu n'as pas pu l'**oublier**, lui !
– Bah si... Je ne **souviens pas** de lui non plus. (...) et je **ne me rappelle pas/ne me souviens pas de/ai oublié** beaucoup de choses, malheureusement.
– Il faudra juste que je **pense** à appeler mon mari ...

Exercice 13

	affirmation	interrogation	exclamation
1.		X	
2.			X
3.	X		
4.	X		
5.		X	
6.			X
7.	X		
8.	X		
9.		X	

Exercice 14
1. de se réveiller ; 2. plutôt doux ; 3. une fleur ; 4. parce qu'elle est fatiguée et qu'elle a des cernes sous les yeux. ; 5. un animal à cornes effilées, remarquable par la vitesse et la légèreté de sa course. ; 6. elle a beaucoup d'allure.

Exercice 16
Proposition de corrigé
a) 1. Une atmosphère. ; 2. Le climat. ; 3. Le relief d'un pays. ; 4. Une ville. ; 5. Les paysages d'une région.
b) 1. L'atmosphère de la ville était agréable ? ; 2. Quel climat est-ce que tu aimes ? ; 3. Le relief était comment ? ; 4. Est-ce que la ville est intéressante ? ; 5. Je suppose que tu as vu de beaux paysages ; ils sont comment ?

Corrigés

Exercice 17

	Noms	Adjectifs utilisés	Caractéristique objective	Caractéristique non objective
1.	les danses	traditionnelles	X	
2.	la police	municipale	X	
3.	une chanteuse	formidable		X
4.	la constitution	européenne	X	
5.	un numéro	impressionnant		X
6.	ces tableaux	monstrueux		X

Exercice 18
1. – Lui, je le connais, je l'ai déjà vu quelque part !
   – Évidemment, c'est un **ancien** boxeur Il a été plusieurs fois champion du monde.
2. – Combien de temps est-ce qu'il a mis pour construire son garage ?
   – Je ne sais pas. Il a mis un **certain** temps, peut-être 2 ou 3 mois.
3. – Quand vous allez à Barcelone, vous dormez à l'hôtel ?
   – Non, nous allons chez un **vieux** copain. Nous étions à la fac ensemble.
4. – Est-ce que tu connais le nouvel instituteur ? Il vient de terminer ses études, non ?
   – Ne t'inquiète pas ! C'est un instituteur **jeune** mais il enseigne depuis plusieurs années.
5. – Quand allez-vous rendre visite à votre famille en Australie ?
   – Nous y allons toujours la **dernière** semaine de décembre, comme ça nous passons Noël ensemble.
6. – Je n'ai pas vu ta fille depuis longtemps. Quel âge a-t-elle ? Elle est à l'école primaire maintenant ?
   – Non, elle est à l'école maternelle, c'est encore une **petite** fille.

Exercice 19
1. Mais si, tu as déjà vu Sophie. Elle a de **longs** cheveux **blonds**.
2. La sculpture de Marc, c'est cette **immense** statue **carrée** au fond du parc.
3. Dans ce restaurant, ils servent un **délicieux** café **italien**.
4. Le **dernier** roman **historique** de mon auteur préféré vient enfin de sortir !
5. Mon mari s'est offert un **nouvel** ordinateur **portable magnifique** pour son anniversaire.
6. Ce soir, je vais enfin pouvoir regarder ce **célèbre vieux** film **japonais** que j'ai acheté la semaine dernière.

Exercice 20
a. COLLINE   b. VERGER   c. CANOTIER
d. SCULPTEUR   e. PEINTRE   f. PROGRÈS

1	2	3	4	5	6
d	c	e	f	b	a

Exercice 21
1.
Une rue qui penche
Un bal sous **les branches**
C'est **un vieux moulin**
Qui ne moud plus de grains
Sous ses grandes ailes
Les filles sont **belles**
C'est un jardin fleuri
Tout en haut de **Paris**

Refrain

C'est là qu' **un dimanche**
Sous ses ailes blanches
Deux grands yeux moqueurs
Ont charmé tout **mon cœur**
Dans ce coin bohème
Il m'a dit « **je t'aime** »
Et depuis **notre amour**
A grandi chaque jour

2.

1	2	3	4	5	6	7	8	9
d	b	h	a	f	i	c	g	e

Exercice 22

	vrai	faux		vrai	faux
1.	X		6.	X	
2.		X	7.		X
3.		X	8.		X
4.	X		9.	X	
5.		X			

Corrigés

UNITÉ 2 pages 14 à 23 : **L'Amant (Marguerite Duras)**

Exercice 1

```
        5
1 I N T I M I D E
    R         6
    E         C       7
    M         O       I
  2 B A C     L       N
    L         O       D
    A   3 M I N O R I T E
    I         I       G
  4 F E U T R E       E
    N         S       N
    T                 E
                      S
```

Exercice 2
4 / 8 / 7 / 5 / 6 / 2 / 3

Exercice 3
Proposition de corrigé

Chère Bénédicte,

Le faire-part ci-joint aura sans aucun doute été une surprise (heureuse ?) pour toi. Éh, oui, voilà, je me marie ! J'espère vivement qu'il te sera possible d'être présente le 1er juillet, j'aimerais tellement que tu sois là. Et tu pourrais ainsi faire la connaissance de Christophe.

Hum, Christophe, qui est ce Christophe dois-tu te demander, non ?

Tu veux que je te raconte, hein ?

Bon, alors tout a commencé l'été dernier. J'étais allée chez Thierry et Marie pour passer une semaine dans la région d'Avignon. Un soir, ils ont invité quelques amis pour un petit dîner. Parmi ces amis, il y avait Christophe, de l'Allier comme moi, mais dans le Sud pour son travail, pour une mission de trois mois. On a sympathisé, je lui ai raconté que j'étais dans la région pour quelques jours et il m'a dit qu'il habitait à Manosque et que, si je voulais, je pouvais passer chez lui le week-end suivant, il me montrerait la région. Le vendredi soir, je l'ai appelé pour savoir si son invitation tenait toujours et il m'a répondu que oui, mais que, en fait, il avait oublié qu'il avait une randonnée de prévue avec des amis (j'ai alors pensé que, en vérité, il m'avait complètement oubliée), qu'ils partaient le lendemain matin dès 7 heures, mais que je pouvais me joindre à eux si je voulais. C'est ainsi que j'ai passé mon premier week-end avec lui et puis j'ai décidé de rester une semaine à Manosque. Bon, je te passe les détails... On s'est revus quand il est revenu de sa mission et puis voilà...

Bon, et toi, que deviens-tu ? Quelles nouvelles ? Tu m'écris bientôt pour me dire que tu viens à la fin du mois d'août.

Bises.

Sabrina

Exercice 4

	1	2	3	4	5	6	7	8
discours direct	X			X		X	X	
discours rapporté		X	X		X			X

Exercice 5
1. Marc ordonne à son voisin de fermer la fenêtre.
2. Monsieur Ferrer explique qu'il a perdu son chien dans le parc.
3. Julie lui dit qu'elle a rencontré l'homme de sa vie.
4. Nous lui demandons pourquoi elle n'a plus sa voiture.
5. Les enfants me demandent de les accompagner à la piscine mercredi.
6. Nos voisins racontent que des voleurs ont cambriolé leur appartement.

Exercice 6
1. Laure dit : « ~~Sa~~ **Ma** fille déménage car ~~mon~~ **son** mari vient de trouver du travail à Lyon. »
2. Elle nous demande d'où ~~tu viens~~ **nous venons**.
3. Le garagiste explique à Lucie ~~que~~ **pourquoi** sa voiture ne marche plus.
4. Boris **nous** demande ~~s'il~~ **où il** peut acheter des places pour le concert de Garou samedi soir.
5. Mon fils conseille à ~~tes~~ **ses** amis de venir s'inscrire dans le club de foot où ~~je~~ **il** joue.
6. Mes voisins demandent ~~pourquoi~~ **si** nous pouvons garder ~~mon~~ **leur** chat pendant ~~ses~~ **leurs** vacances.

Corrigés

Exercice 7
1. ~~propose~~/avoue ; 2. ~~ordonnent~~/annoncent ;
3. conseille/~~précise~~ ; 4. avoue /~~propose~~ ;
5. ~~conseille~~/précise ; 6. ~~annonce~~/ordonne ;
7. murmure/~~conseille~~ ; 8. ~~proposent~~/précisent

Exercice 8
Proposition de corrigé

Agnès : Tu as aimé le film ?
Sophie : Oh, oui, je l'ai trouvé fabuleux ! Cette histoire d'amour m'a vraiment émue.
Agnès : Moi, chaque fois que je vois ce film, je ne peux pas m'empêcher de pleurer. Mais, dis-moi, tu as lu le livre ?
Sophie : Bon, j'avoue que j'ai un peu honte : je ne l'ai jamais lu.
Agnès : Bon, alors, lis-le parce que, d'après moi, le livre est encore mieux que le film.
Sophie : Oh, il n'est pas très tard, ça te dirait de regarder un autre film ?
Agnès : Oui, pourquoi pas ! Qu'est-ce qu'on regarde ?
Sophie : Attends ! Tiens, j'ai une autre adaptation d'un roman de Duras : « Hiroshima, mon amour ».
Agnès : Oui, bonne idée ! Mais je vais encore beaucoup pleurer !

Exercice 9
1. qu'il devait rentrer demain.
2. qu'elle avait pris le bateau pour Ajaccio à midi.
3. qu'il allait vous rembourser rapidement.
4. que nous irions en vacances en Italie l'année prochaine.
5. que la réunion avait été annulée hier.
6. qu'ils iraient à la pêche demain.

Exercice 10
1. Elle a dit qu'elle allait bientôt être maman.
2. Mon frère m'a annoncé qu'il avait acheté une nouvelle voiture.
3. Julien a déclaré qu'il n'irait plus manger dans ce restaurant.
4. Nous avons demandé si nous pouvions avoir un chat.
5. Amélie a précisé qu'elle avait obtenu son diplôme à la Sorbonne en juin 2000.
6. Le directeur a affirmé que les salaires augmenteraient à partir du mois de juillet.

Exercice 11
A
1. Elle voulait travailler.
2. Son sentiment face au résultat des dernières élections.
3. Il n'y aurait pas de nuages.
4. À quelle heure partirait leur train.
5. La direction a compris leurs problèmes.

a. Ils ont annoncé qu'il fallait organiser une réunion pour parler des problèmes.
b. Il lui a demandé si elle avait envie de dîner au restaurant ce soir.
c. Il a expliqué que le lycée fermerait ses portes un mois pour cause de travaux.
d. Il lui a demandé pourquoi il n'avait pas répondu à ses messages.
e. Il a annoncé qu'ils avaient prévu une grande fête pour le 14 juillet.

B
1. Elle leur a annoncé qu'elle arrêtait ses études pour travailler.
2. Il lui a demandé s'il était content du résultat des élections.
3. Elle a dit que, demain, il y aurait un beau ciel bleu sur tout le pays.
4. Ils lui ont demandé quand le train pour Lyon partirait.
5. Ils ont expliqué que la direction avait compris leurs revendications.

a. Ils veulent faire une réunion.
b. Si elle veut manger au restaurant.
c. Il y aura des travaux au lycée.
d. Des explications sur son absence de réponses.
e. Une grande fête au mois de juillet.

Exercice 12

Le trapéziste	Le dentiste
1. J'ai totalement confiance en lui.	2. Je me méfie de cet homme.
4. Je peux me fier à lui.	3. Je reste sur mes gardes.
6. Je lui accorde ma confiance.	5. J'ai de sérieux doutes sur ses compétences.
	7. Cet homme ne m'inspire pas confiance.

Corrigés

Exercice 13
1. c. ; 2. d. ; 3. e. ; 4. a. ; 5. f. ; 6. b.

Exercice 14
Proposition de corrigé
1. Quand elle joue avec un enfant, il pleure tout le temps. Elle ne sait pas jouer avec un enfant.
2. Elle n'a jamais gardé d'enfant et pense qu'il suffit de mettre les enfants devant la télévision.
3. Oui, parce qu'elle garde des enfants depuis 2 ans et, le soir, elle leur raconte toujours des histoires. Elle sait s'occuper des enfants.
4. Non, parce qu'elle ne connaît pas les besoins des enfants : elle leur donne des glaces pour le dîner, elle ne leur propose pas d'autre activité que regarder la télévision et elle pense que ce n'est pas un problème s'ils ne se couchent pas avant minuit.
5. Alice.

Exercice 15
Proposition de corrigé
1. Seulement 9 % des Français font tout à fait confiance au gouvernement dans la lutte contre l'insécurité. (Seulement 9 % des Français ont tout à fait confiance en leur gouvernement dans la lutte contre l'insécurité.)
2. 50 % des Français font plutôt confiance au gouvernement dans la lutte contre le racisme et l'antisémitisme.
3. Si l'on ajoute ceux qui font « tout à fait confiance » et ceux qui font « plutôt confiance », on obtient 35 % des Français qui font confiance au gouvernement dans la lutte contre la pauvreté et l'exclusion.
4. Seuls 34 % des Français font confiance au gouvernement dans la lutte contre le chômage.
5. Au total, ce sont 72 % des Français qui ne font pas confiance au gouvernement quand il dit qu'il va baisser les impôts.
6. 44 % des Français ne font pas confiance au gouvernement quant à l'augmentation du pouvoir d'achat.

Exercice 16

français standard	français familier
C'est le travail de policier qui me fait faire ça.	Phrase n° 5
Je ne comprends pas.	Phrase n° 6
Vous n'avez pas du tout l'air d'être un policier	Phrase n° 4
Il faudrait être stupide pour voler une moto.	Phrase n° 3
Tu es de la police ?	Phrase n° 2
Tu as remarqué que j'étais en train de la voler.	Phrase n° 1

Exercice 17
1. la tronche ; 2. piqué ; 3. le boulot ; 4. les keufs ; 5. pigé ; 6. la bécane

Exercice 18
1. Elle ne veut pas ; 2. Tu ~~ne~~ manges jamais ; 3. Nous ne partirons pas ; 4. Vous ~~n'~~avez jamais
5. il ~~n'~~avait pas ; 6. Je ne parle pas ; 7. on ~~ne~~ voyagera pas ; 8. Elles ~~n'~~ont vraiment

Exercice 19
1. J~~e~~ suis en r~~e~~tard ; 2. On s~~e~~ voit d~~e~~main ; 3. R~~e~~garde ma p~~e~~tite sœur ! ; 4. J~~e~~ sais pas si je r~~e~~viendrai. ; 5. J~~e~~ reviens d~~e~~ Paris sam~~e~~di. ; 6. J~~e~~ les ai r~~e~~trouvés boul~~e~~vard Picasso.

Exercice 20

	1	2	3	4	5	6
français standard			X		X	X
français familier	X	X		X		

Exercice 21
Proposition de corrigé
1. Elle voulait étudier les critères des entreprises dans la sélection des CV et voir quelles étaient les discriminations les plus importantes.
2. C'était de faux CV.
3. C'est le CV d'une personne qu'on considère comme « bien » en France : celui d'un homme à la peau blanche, sans problème physique, avec un nom français, qui habite à Paris.

Corrigés

4. La première victime de discrimination à l'embauche est la personne handicapée. Les entreprises ne veulent même pas savoir quelle est la nature du handicap et ces personnes sont presque toujours écartées des recrutements.
5. Non seulement les personnes des cinquante ans et plus ont des problèmes pour trouver du travail, mais les offres d'emploi indique parfois également l'âge que doit avoir le candidat.
6. Elle devrait être vraie pour tous les métiers. Souvent, dans certaines professions où les employés sont au contact du public (des clients), les entreprises préfèrent des personnes « qui présentent bien » (dans les banques, les magasins) même si ce qui fait qu'une personne présente « bien » est subjectif. Mais il est difficile de lutter contre les préjugés et les entreprises ne veulent pas prendre de risques et préfèrent éviter les problèmes avec les clients.

Module 2
(Inter)agir à propos d'émotions, de sentiments

UNITÉ 3 pages 24 à 31 : Famille

Exercice 1
1. Christine-Laure Anton est rédactrice en chef du magazine *Femme aujourd'hui*.
2. Cette discussion se passe dans un studio de radio.
3. On parle du mot « famille » et de ce qu'il évoque.
4. Christine-Laure dit que le mot « famille » est un des mots les plus fleuris.
5. Pour elle, la famille peut être la famille traditionnelle mais aussi la famille d'amis.
6. Les deux types de nouvelles familles sont la famille homoparentale et la famille monoparentale.
7. Le mot « famille » est un mot plein d'amour car on choisit sa famille et dont on choisit d'aimer qui on veut.
8. Les liens entre les membres de la famille sont plus forts.

Exercice 2
f/h/b/g/l/n/j/e/i/k/a/m/d/c

Exercice 3

1	2	3	4	5	6	7
c	d	e	f	g	b	a

Exercice 4

dial.	exprimer sa colère	réagir à la colère
1	Qu'est-ce que tu es agaçant !	Oh ! calme-toi
2	Ça commence à bien faire ces réponses !	Ce n'est pas la peine de vous énerver !
3	J'en ai plein le dos de tes histoires !	Tu vas pas en faire tout un plat !
4	Attendez, c'est trop fort, ça ! Ça me met hors de moi d'entendre des choses pareilles !	Ne vous énervez pas comme ça !

Exercice 5
1. on ne sait pas ; 2. vrai ; 3. faux ; 4. vrai ; 5. on ne sait pas ; 6. vrai ; 7. faux ; 8. faux

Exercice 6

	1	2	3	4	5	6
contente			X	X	X	
en colère	X	X				X

Exercice 8
Proposition de corrigé

1. – **C'est terrible !** Regarde ce que tu as fait !
– Quoi ? Je n'ai rien fait.
– Mais si, là … Regarde ! Tu as essuyé tes pieds pleins de boue sur mon tapis tout neuf !
– Oh, tu ne vas pas en faire tout un plat !
– Ça me met hors de moi quand tu fais ça ! Rien n'est jamais grave.
– Oui, ça ce n'est pas grave et si tu veux je te le laverai. D'accord ?
– D'accord mais quand même tu dépasses les bornes. Tu pourrais faire attention !

2. – **Bravo, vous avez tout gagné !**
– Pardon ! Excusez-moi, je suis désolé !
– Ça va pas, non ! J'ai du café partout sur mon pantalon maintenant !

Corrigés

– Calmez-vous ! Ce n'est pas un drame !
– Pas un drame peut-être mais qu'est-ce que vous pouvez être maladroit !
– Écoutez ! Je ne peux rien faire aujourd'hui mais apportez-moi votre pantalon demain et je le ferai nettoyer.
– D'accord pour demain mais ça ne règle pas mon problème ! Je vais devoir passer toute la journée avec un pantalon humide et plein de café !

Exercice 9
1. ne soyez pas venu(e)(s) ; 2. fassions ; 3. ne m'ait pas appelé ; 4. tu attendes ; 5. puisse ; 6. aies donné ; 7. veuille ; 8. ait eu

Exercice 10
1. Je suis content d'avoir enfin ma nouvelle voiture.
2. Ça me faisait toujours beaucoup de bien qu'il me dise des mots rassurants.
3. J'en ai marre qu'il pleuve tout le temps dans cette région.
4. Je regrette, Monsieur de ne pas pouvoir vous aider.
5. Ça me ferait plaisir que tu viennes avec moi prendre un verre.
6. Pierre est soulagé d'avoir reçu ses billets d'avion.
7. Je déteste que Dominique me prenne toujours en photo.
8. J'aime bien les appeler deux fois par semaine.

Exercice 11
1. Nous sommes fiers que notre fille ait réussi ses examens.
2. Le gardien n'est pas content que j'aie encore oublié mes clés.
3. Les délégués du personnel déplorent que le directeur général ne veuille pas les recevoir.
4. Je suis en colère qu'ils n'aient pas encore répondu à mon courrier.
5. Nous sommes inquiets que cette année le chiffre d'affaires de notre entreprise ait chuté.
6. Il était un peu triste que son bébé soit né avant qu'il arrive à l'hôpital.

Exercice 12
Proposition de corrigé
1. Je suis furieux que vous ne soyez pas venu à cette réunion.
2. J'en ai marre que tu sois toujours en retard.
3. Je suis vraiment en colère qu'elle ne m'ait pas encore écrit.
4. Ce n'est pas la peine que vous veniez travailler demain.
5. Je voudrais bien qu'ils viennent passer quelques jours à la maison.
6. Il faut absolument que tu les rencontres.
7. J'ai très peur que les députés ne veuillent pas voter cette loi.
8. Je ne crois pas que les journaux aient parlé de ce problème.

Exercice 13

1	2	3	4	5	6
c	b	e	d	f	a

Exercice 14
1. J'ai découvert une jolie petite ville qui **est** peu visitée et dans laquelle je **peux** retourner souvent parce qu'elle n'est pas très loin de chez moi.
2. J'imagine une jolie ville qui **soit** très calme et dans laquelle on **puisse** se promener à toute heure.
3. Ça y est, on a trouvé de beaux fauteuils qui **paraissent** confortables et qui ne **sont** pas trop encombrants.
4. On aimerait trouver des fauteuils qui **soient** suffisamment confortables mais qui ne **prennent** pas trop de place.
5. Il aimerait trouver un travail qui **soit** bien payé et pour lequel il **puisse** choisir ses horaires.
6. Pierre-Jean a trouvé un travail qui ne **correspond** pas vraiment à ses attentes mais qui lui **plaît** quand même.

Exercice 15
proposition de corrigé
1. Lola est la meilleure danseuse que j'aie jamais vue.
2. Cet enfant est le seul qui ne sache pas encore bien lire.
3. Je crois que c'est la seule dont le bureau a été refait.
4. Là, c'était l'endroit le pire où je suis allée en vacances.
5. Dominique est l'unique personne qui m'a aidé quand je suis arrivé.

Corrigés

Exercice 16
1. Jonathan est triste puis heureux.
2. Le vieil homme est chaleureux et généreux.
3. L'étoile que l'homme offre à Jonathan lui apportera de la chance.
4. Jonathan reçoit de la monnaie et du pain.
5. La petite fille a surtout besoin d'amitié.

Exercice 17
Proposition de corrigé
Un soir de Noël, dans les rues glaciales de l'Angleterre, Jonathan pleure car il n'aura pas de cadeaux.
Il rencontre un homme qui ressemble à un clochard et qui lui dit de ne pas pleurer. Comme cadeau de Noël, il lui offre une étoile qui lui portera chance. Heureux, Jonathan court chanter près de la cathédrale où on lui offre un peu d'argent et du pain. Puis, après avoir remercié son étoile, il s'installe pour manger. Près de lui, Jonathan découvre une petite fille qui a faim et froid. Il lui donne un morceau de son pain et lui offre un sucre d'orge. Comme elle est toujours triste, il décide de partager son étoile avec elle. À ce moment là, la petite fille est émerveillée et prend la main de Jonathan. Ils partent tous les deux, heureux comme ils ne l'ont pas été depuis longtemps.

Exercice 18
1. – Tu as une drôle de tête !
   – Oui, c'est possible, j'ai mal dormi cette nuit, et puis je n'ai pas le moral.
2. – Qu'est-ce qui t'arrive ?
   – Rien, tout va bien. Pourquoi ?
3. – Tu n'as pas l'air bien.
   – Tu as raison, je ne sais pas pourquoi mais je ne suis pas en forme.
4. – Tu as des problèmes ?
   – Non aucun. Je suis juste un peu fatigué, c'est tout.
5. – Tu n'as pas l'air en forme.
   – Oui, c'est possible, je n'ai pas la pêche.

Exercice 19
	1	2	3	4	5	6
exprime sa joie		X		X	X	
exprime sa tristesse	X		X			X

Exercice 20
	mot de sens équivalent
nostalgique	mélancolique
désolé	chagriné
maussade	déprimé
inconsolable	désespéré

Exercice 21
chagriné < triste < déprimé < inconsolable

Exercice 22
Proposition de corrigé
– Qu'est-ce qu'il y a ? Tu as des problèmes ?
– Non, mais je me sens un peu déprimé.
– Qu'est-ce qui se passe ?
– J'aimerais rentrer chez moi, au Mexique.
– Tu es en France depuis combien de temps maintenant ?
– Je vis ici depuis deux ans. J'aime beaucoup la France mais ce n'est pas mon pays.
– Oui, je comprends.
– Et puis, ma famille me manque.
– Écoute ! Je te propose qu'on dîne ensemble pour oublier ton chagrin. Ce soir, on fait la fête !

Exercice 23
1. put ; 2. tomba ; rentrèrent ; 3. fut ; 4. vîmes ;
5. entendirent ; coururent ; 6. fit ; 7. se mirent ; 8. fallut

Exercice 24
Nicéphore Niepce fut l'inventeur de la photographie en 1826.
Pierre et Marie Curie découvrirent le radium en 1903.
Don Pérignom mit au point le procédé de fabrication du Champagne au XVIIe siècle.
Louis Pasteur inventa le vaccin contre la rage en 1885.
Denis Papin construisit la première machine à vapeur en 1707.
Louis Braille fabriqua avec des points en relief, un alphabet pour les aveugles.
Les frère Lumière créèrent le cinématographe en 1895.

Exercice 25
Il **fit** un geste brusque pour la pousser à sa place et, voulant passer son bras au-dessus d'elle, **manqua** son but et lui **donna** un grand coup derrière la tête.

Corrigés

– Misère ! Je ne vous ai pas fait mal au moins ? Comme je suis maladroit, vraiment, je vous prie de m'excuser... Je...
– Pas de problème, **répéta**-t-elle pour la troisième fois.
Il ne bougeait pas.
– Euh... **supplia**-t-elle enfin, est-ce que vous pouvez enlever votre pied parce que vous me coincez la cheville, là, et j'ai extrêmement mal...
Elle riait. C'était nerveux.
Quand ils **furent** dans le hall, il **se précipita** vers la porte vitrée pour lui permettre de passer sans encombre :
– Hélas, je ne monte pas par là, **se désola**-t-elle en lui indiquant le fond de la cour.
– Vous logez dans la cour ?
– Euh... pas vraiment... sous les toits plutôt...
– Ah ! parfait... Il tirait sur l'anse de son sac qui s'était coincé dans la poignée en laiton. Ce... Ce doit être bien plaisant...
– Euh... oui, **grimaça**-t-elle en s'éloignant rapidement, c'est une façon de voir les choses...
– Bonne soirée mademoiselle, lui **cria**-t-il, et... saluez vos parents pour moi !

UNITÉ 4 pages 32 à 41 : Peurs

Exercice 1
1. fouillé ; 2. s'exerce ; 3. un défi ; 4. (j') éprouve ; 5. toucher ; 6. (d') alarme ; 7. concernent ; 8. rassurer

Exercice 2
1. effrayant ; 2. a peur ; 3. fais peur ; 4. vous inquiétez ; 5. (m') angoisse/(m') inquiète

Exercice 3
1. qu' ; 2. de ; 3. qu' ; 4. d' ; 5. pour ; 6. pour ; 7. que ; 8. du ; 9. pour

Exercice 4

proposition de phrases

1. la terreur
   → terrifier → Cet horrible film a terrifié tous les enfants.
2. la crainte
   → craindre → Il craint énormément de ne pas retrouver de travail.
3. la frayeur
   → effrayer → Arrêtez d'effrayer les oiseaux, ce n'est pas gentil !
4. l'inquiétude
   → s'inquiéter → Ne vous inquiétez pas, on va vous aider.
5. l'angoisse
   → angoisser → Ça vous angoisse de devoir conduire la nuit ?

Exercice 5
1. Il y avait beaucoup d'inquiétude car tout le monde savait que l'entreprise avait des problèmes financiers et risquait de devoir fermer ou de licencier du personnel.
2. Michel était particulièrement inquiet car il ne travaillait pas depuis longtemps dans cette entreprise et il serait le premier sorti en cas de licenciement.
3. En février, Michel a été licencié.
4. Au début, Michel touchait les allocations de chômage et il pensait qu'il retrouverait un travail rapidement.
5. Au bout de six mois, Michel a eu vraiment peur parce qu'il ne trouvait que des « petits boulots » et sa femme ne gagnait pas beaucoup d'argent.
6. Il est très inquiet maintenant car sa situation ne s'arrange pas et qu'il ne trouve aucun moyen, aucune solution à ses problèmes.

Exercice 6
1.

– Les ascenseurs, les parkings, les rats, les ponts... sont autant de facteurs pouvant générer des phobies.	→ paragraphe n° 2
– Souvent, ces peurs irraisonnées gâchent la vie de ceux qui en souffrent.	→ paragraphe n° 1
– Quelles en sont les causes ?	→ paragraphe n° 3
– Comment faire pour s'en débarrasser ?	→ paragraphe n° 4

2. **X** qu'une personne ne peut pas contrôler avec sa raison, avec son esprit.
3. **X** d'une phobie simple
4. La personne peut perdre considérablement confiance en elle-même.

Corrigés

5. – imaginer l'animal
 – l'accepter grâce à des photos
 – entrer en contact avec l'animal
6. On doit réfléchir à la façon qu'on a de se percevoir et de percevoir les autres
7. Les causes sont multiples : événements traumatisants de l'enfance ou de l'adolescence, situations de peurs intenses, etc.
Pour se débarrasser de ses phobies, il est bon de consulter un psychiatre ou un psychologue qui va travailler progressivement avec son patient.

Exercice 7
Proposition de corrigé
Situation 1
Avec mon ami, nous étions partis une semaine en France pour visiter différentes régions. Nous passions deux jours à Marseille et ce jour-là, je n'étais pas en forme. Roman avait envie de visiter le musée Cantini, et moi, je préférais regarder un peu les magasins et profiter du beau temps. Nous nous étions donné rendez-vous à 17 heures devant le musée.
À 17 heures, j'attendais : personne. 17h15 : personne. Je commençais à m'impatienter et à m'énerver un peu. Je pensais que Roman, comme toujours, était retourné voir plusieurs fois les tableaux qu'il avait aimés...Plus le temps passait, plus je m'inquiétais.
À 19 heures, alors que le musée était fermé, j'ai appelé notre hôtel pour savoir s'il n'y était pas : pas de Roman non plus. J'étais angoissée parce que je savais que Roman ne connaissait pas Marseille, qu'il n'avait pas de plan de la ville et qu'en plus, il ne parlait pas français !
J'ai donc appelé la police pour qu'elle m'aide. J'étais folle d'inquiétude et j'imaginais plein de choses terribles, terrifiantes.
Finalement... à 20 heures, je suis arrivée à l'hôtel avec la police. Roman était installé tranquillement au salon, en train de boire un café en m'attendant. Il avait oublié que notre rendez-vous était devant le musée...

Exercice 8
1. N'ayant pas les diplômes demandés, tu as peu de chances d'être accepté.
2. Devant m'absenter, je ne pourrai pas vous voir vendredi comme nous l'avions prévu.
3. Ayant signé le contrat, vous êtes obligé de le respecter.
4. N'arrivant pas à vous joindre par téléphone, nous avons préféré venir voir si tout allait bien.
5. Ayant raté son train, il est arrivé trop tard à l'aéroport et il a aussi raté son avion.
6. Ne parlant pas allemand, elle était un peu angoissée de devoir aller en Autriche pour toute une année.

Exercice 9
1. a. Guillaume ayant toujours très peur en avion, il ne voyage pas beaucoup.
 b. Ayant toujours très peur en avion, Guillaume ne voyage pas beaucoup
2. a. Le directeur étant en Espagne la semaine prochaine, il ne pourra pas vous recevoir.
 b. Étant en Espagne la semaine prochaine, le directeur ne pourra pas vous recevoir.
3. a. Katarzyna ayant trouvé un travail à Brest, elle ne va pas rentrer en Pologne.
 b. Ayant trouvé un travail à Brest, Katarzyna ne va pas rentrer en Pologne.
4. a. L'entreprise n'ayant plus d'argent, elle a été obligée de fermer.
 b. N'ayant plus d'argent, l'entreprise a été obligée de fermer.
5. a. Madame Lupin n'ayant pas encore reçu votre lettre, elle aimerait que vous l'appeliez.
 b. N'ayant pas encore reçu votre lettre, Madame Lupin aimerait que vous l'appeliez.
6. a. Les employés n'ayant pas obtenu l'augmentation de salaire qu'ils demandaient, ils ont décidé de faire grève.
 b. N'ayant pas obtenu l'augmentation de salaire qu'ils demandaient, les employés ont décidé de faire grève.

Exercice 10
1. Les chauffeurs de bus étant en grève, je suis venu à pied.
2. Les ouvriers ayant pris du retard, l'appartement ne sera pas prêt avant le 15 février.
3. Claire travaillant maintenant à Strasbourg, on ne se voit plus très souvent.
4. La photocopieuse connaissant régulièrement des problèmes, il faudrait la remplacer par une nouvelle.

Corrigés

5. Les fruits étant fragiles, vous êtes priés de ne pas les toucher.
6. Le prix des métaux ayant beaucoup augmenté depuis trois ans, tous les produits qui contiennent des métaux sont en conséquence beaucoup plus chers.

Exercice 11
1. Elle a fait des études en communication commerciale, d'où sa méfiance quand on lui propose de bons produits à bas prix.
2. Julien ne voulait plus payer 700 euros par mois pour la location de son appartement, d'où sa décision d'acheter une maison.
3. J'ai été mordu par un serpent il y a quatre ou cinq ans, d'où ma peur quand je me promène à la campagne.
4. Tout le monde doit s'intéresser à ce qui se passe dans l'Union européenne, d'où ma participation à ce débat sur la politique agricole dans l'UE.
5. Il n'arrive plus à suivre la concurrence des grands distributeurs, d'où sa crainte de devoir vendre son entreprise.
6. Le ministre avait été choqué par ce qu'il avait lu dans les journaux, d'où sa réponse à ses adversaires, à la télévision.
7. Votre entreprise et la nôtre ont les mêmes intérêts au Vietnam, d'où notre proposition de nous associer pour être plus efficaces.

Exercice 12
1. Comme je ne travaille pas, je passerai te voir vendredi après-midi./Je passerai te voir vendredi après-midi, comme je ne travaille pas.
2. Nous sommes vraiment déçus, en effet, l'hôtel n'offrait pas tous les services que vous nous aviez présentés.
3. Tu n'auras pas de problèmes pour rester en France du fait que tu viens d'un pays membre de l'Union européenne.

Exercice 13
1. Ils ont une grande maison, si bien qu'ils n'auront aucun problème pour nous accueillir pendant les vacances.
2. Elle ne connaît pas du tout le Japon, de ce fait, elle préférerait que ce soit toi qui ailles à Tokyo le mois prochain.

3. Je ne l'avais pas vu depuis au moins 5 ans, du coup j'ai eu du mal à le reconnaître.
4. Je pensais qu'on avait rendez-vous à 9 h 30, d'où mon inquiétude.

Exercice 14
Proposition de corrigé
1. Je ne pourrai pas venir demain car j'ai un rendez-vous à la même heure.
2. Du fait de mon déménagement de Lyon à Marseille, je ne vais pas pouvoir partir en vacances en juin.
3. Les résultats économiques français sont bien meilleurs cette année, de ce fait on espère que les impôts vont baisser.
4. Il a un bon travail et un bon salaire, d'où ses fréquentes vacances à l'étranger.
5. Ne pouvant pas me déplacer à Paris le 17 mars, je vous propose qu'on reporte notre réunion.
6. On a eu une panne d'électricité à 17 heures, du coup je n'ai pas pu finir mon travail avec l'ordinateur.

Exercice 15
Proposition de corrigé
1. – Mais pourquoi donc est-ce qu'elle est allée en parler à cette femme !
– Tu sais, ce n'était pas facile pour elle, elle a fait comme elle a pu !
– Et nous, ses amies, elles pouvaient nous en parler, quand même !
2. – Maintenant, je dois partir, il est tard.
– Oh ! non, je t'en prie, reste encore un peu…
– D'accord mais pas longtemps, hein ?
3. – Mais comment ça, à l'hôpital ?
– Bah ! Ça a commencé par une petite dispute, les choses ont mal tourné et Pierre a pris un coup de poing entre les deux yeux.
4. – Tu as vu Benoît ? Un petit copain de l'école l'a poussé et il s'est cassé le bras.
– Oh ! mince. C'était qui le petit copain ?
– Théo, mais il ne l'a pas fait exprès, c'est en jouant.

Exercice 16
Pourvu que le directeur soit d'accord avec nos propositions.
Elle compte bien être remboursée de tous ses frais.
J'espère que nous pourrons nous revoir bientôt.

Corrigés

Exercice 17
1. Oh ! pourvu | qu'elle l'ait !
   | qu'elle réussisse !
2. J'espère | qu'ils seront bons.
   | qu'ils vont confirmer que tu n'es plus malade.
3. Oui et elle espère | avoir le temps de passer chez Iversen.
   | que tout sera prêt.

Exercice 18
Proposition de corrigé
J'espère qu'il ne va pas trop tarder à nous proposer une solution.
Pourvu qu'il ne soit pas parti sans nous !
Je compte le faire demain matin, je n'ai pas trop de rendez-vous.

Exercice 19
Proposition de corrigé
1. Espérons qu'elle sera dans les trente personnes !
2. Bah ! Je compte bien partir en vacances pour ne pas entendre le bruit des travaux !
3. J'espère que ça lui plaira autant.
4. J'espère qu'ils ne vont pas trop lui manquer...
5. Oh ! mince. Pourvu qu'elle soit réparée dans la journée !
6. C'est excellent ! Pourvu que ça continue !

Exercice 20
Peu importe ! ; Je m'en moque ! ; Ça m'est égal ! ; Tant pis ! ; C'est très décevant ! ; Quelle déception ! ; Quel dommage ! ; Je n'en ai rien à faire !

Exercice 21

	1	2	3	4	5
indifférence	X			X	X
déception		X	X		

Exercice 22
Proposition de corrigé
1. – Je crois que le directeur vous a trouvé trop jeune pour le poste.
   – Peu importe, je trouverai un autre travail !
   – Oui, vous trouverez certainement quelque chose qui vous correspondra mieux.
2. – Zut ! J'ai encore oublié de te rapporter ton cédé. Tu aimerais certainement l'écouter ?
   – Oui, c'est vrai que je l'aime bien, mais tant pis, tu y penseras demain.
3. – Franck n'est encore pas venu à notre réunion de jeudi. Il y en a marre, à la fin, il n'est jamais là !
   – Mais tu sais, je crois que le jeudi, il chante dans une chorale.
   – Qu'est-ce que tu veux que ça me fasse ! Il s'est engagé dans l'association, il vient aux réunions, c'est tout !
   – Oh ! Ne te fâche pas, hein.
4. – C'était génial, ce concert ! Quel bon musicien, ce Ben Harper ! Tu ne pouvais pas y aller ?
   – Si, mais...
   – Mais quoi ? Tu n'aimes pas cette musique ?
   – Bof...
   – Ah ! bon ! Ça m'étonne.

Exercice 23
1. Béatrice n'est pas inquiète et n'a pas peur non plus. Elle ne revient pas d'un voyage. On peut donc mettre un signe « – » dans les cases « inquiétude » et « peur ».
8. La personne qui a fait un voyage en est revenue très déçue. Donc on peut mettre « voyage » dans la case « déception ». Et Béatrice n'ayant pas fait de voyage, elle n'est donc pas déçue et a donc de l'« espoir »
Si c'est Béatrice qui a de l'espoir, on peut donc mettre le signe « – » dans les autres cases correspondant à l'espoir.
3. La personne qui cherche du travail a beaucoup d'espoir. Donc dans la case « espoir » on peut écrire « travail ». À ce stade, on sait donc que Béatrice a l'espoir de trouver un travail.
4. Une des personnes a peur du vide. Donc on peut mettre « vide » dans la case « peur de ».
Et comme il ne reste plus qu'une case d'émotion, on peut mettre « études » dans la case « inquiétude ».
2. Damien a terminé ses études depuis longtemps. Donc il n'est pas inquiet pour ses études.

Corrigés

6. Damien adore l'escalade en montagne et le parachutisme. Donc il n'a pas peur du vide. C'est donc lui qui est déçu de son voyage.
5. Chloé prépare actuellement un Mastère de Sciences politiques à l'École des hautes études politiques et elle joue souvent au tennis. Elle de grandes chances d'être inquiète pour ses études. Il ne reste plus que la case « peur du vide » pour Adrien.

La phrase 6 n'apporte rien au raisonnement.

	peur de ...	inquiétude au sujet de ...	déception de ...	espoir de ...
Adrien	vide			
Béatrice				travail
Chloé		études		
Damien			voyage	

Exercice 26

	1	2	3	4	5	6	7	8	9	10	11	12	13	14	15	16	17
a	A	F	F	I	R	M	E	R			P	I	Q	U	E	R	
b	M		O		O	S	E	R		A				S	T	O	P
c	B	O	U	L	O	T		R		G	R	A	V	E		C	I
d	I		I		O		D	E	F	I				P			A
e	T		L	O	R	S	Q	U	E		O			S	A	I	N
f	I		L				A	I	D	E				P			G
g	E		E	M	B	A	R	R	A	S	S	E		I			O
h	U				I		F	I	L	S		S	A	M	E	D	I
i	S	A	V	E	Z		E	L	I	M	I	N	E	R			S
j	E		M	A		N	O	S		R	E			S			S
k			S	E	R	A		C		E						T	E
l	A		E	C	R	I	S		A	C	C	E	P	T	E	E	
m	V	A	C	H	E	M	E	N	T		O		A	U	T	R	E
n	A		H	E		E		I		Q		T		A	R	T	
o	N		E		P	R	O	V	O	Q	U	E	R	A		E	U
p	C	A	R		A		N		N	U	E		O		S	U	D
q	E	N		F	R	O	U	S	S	E			N	O	I	R	E

Module 3
(Inter)agir à propos d'activités ou d'actions

UNITÉ 5 pages 42 à 49 : **Conversations**

Exercice 1
1. réflexion ; 2. truc ; 3. réputation ; 4. tour ; 5. (d') expert ; 6. branche

Exercice 2
h, k, d, f, c, a, i, j, b, e, g

Exercice 3
dessin 1 :
2. Je vais y réfléchir. ; 4. Ça mérite réflexion. ; 5. Je ne peux pas vous le promettre. ; 8. Il faut voir.
dessin 2 :
1. Je regrette mais c'est non. ; 3. Malheureusement, c'est impossible. ; 6. J'aurais bien aimé, mais je ne peux pas. ; 7. Non, ça ne me dit rien.

Exercice 5
1. passera/~~passerait~~ ; 2. ~~devons~~/devrions ; 3. faudra/~~faudrait~~ ; 4. serait/~~sera~~ ; 5. irai/~~irais~~

Exercice 6
Proposition de corrigé
1. Qu'est-ce que tu dirais d'un petit tour à la campagne ?
2. Et si on reportait cette réunion à la semaine prochaine ?
3. Ça vous ferait plaisir qu'on vienne avec vous dimanche ?
4. Je serais heureuse de vous revoir tous le week-end prochain.
5. On n'a qu'à changer un peu nos habitudes !
6. Pourquoi on ne demanderait pas à un collègue de nous aider ?

Exercice 7
Proposition de corrigé
A : Puisqu'on aime tous les trois la pêche, pourquoi est-ce qu'on n'achèterait pas un petit bateau ensemble ?

Corrigés

B : C'est une bonne idée mais ça mérite réflexion... Je ne sais pas si j'aime assez la pêche pour mettre beaucoup d'argent dans un bateau. Et puis, après, il faudrait y aller tous les week-ends pour profiter de notre bateau et que va dire Marie-Claire ?
C : Moi, j'aimerais beaucoup mais ce n'est pas possible, je regrette. Vous savez tous les deux que j'ai quelques problèmes d'argent en ce moment.
A : On pourrait te prêter de l'argent, nous, tu ne crois pas, Olivier ?
B : Si, bien sûr. Ça ne serait pas un problème.
C : C'est gentil mais il faut que je réfléchisse à votre proposition. Je ne vous promets rien.
B : Mais si on te dit qu'on peut te prêter de l'argent et que ça ne nous dérange pas du tout. Tu nous rembourseras quand tu pourras. Il n'y a aucun problème.
A : Tu préfèrerais ne pas participer à l'achat du bateau ?
C : Je ne sais pas, il faut vraiment réfléchir. J'hésite.
B : Bon, finalement, comme moi j'hésitais aussi, oublions donc cette idée. Comme on dit : ça tombe à l'eau...

Exercice 8

SI

Rencontrer le directeur	→ Assister à la réunion
Adorer les suivants	→ Aimer le 1er roman
Offrir des fleurs	→ Faire un cadeau
Gagner des places	→ Appeler ce numéro
Attendre jeudi	→ Recevoir les candidatures
Le faire maintenant	→ Rappeler M. Jouanet

Exercice 9

1	2	3	4	5	6
f	e	a	b	c	d

Exercice 10
Proposition de corrigé
– Ce matin, j'ai vu Antoine, il n'avait pas l'air en forme. Il m'a dit qu'il avait passé une mauvaise soirée. Tu sais pourquoi ?
– Je crois que j'ai une petite idée...
S'il a travaillé hier, il est sorti du bureau à 19h.
S'il est sorti du bureau à 19h, **il est resté dans les embouteillages.**
S'il est resté dans les embouteillages, il a perdu du temps.
S'il a perdu du temps, il est arrivé en retard à sa réunion à l'école.
S'il est arrivé en retard à sa réunion, il s'est fait remarquer.
S'il s'est fait remarquer, il a passé une mauvaise soirée, car il n'aime pas ça du tout, Antoine.
Voilà, l'explication !

Exercice 11
condition : phrases n°1, 3, 4, 7, 9, 10

Exercice 12
1. à condition de/~~en cas de~~ ; 2. ~~Avec~~/Sans ; 3. à moins que/~~en admettant que~~ ; 4. ~~Au cas où~~/Imaginez qu' ; 5. avec/~~sans~~ ; 6. ~~À condition d'~~/En cas d'

Exercice 13
1. À supposer que ; 2. au cas où ; 3. Au cas où ; 4. au cas où ; 5. À supposer que

Exercice 14
1. Tu as envie de venir, **oui** ou non ?
2. Elle **doit** travailler si elle veut réussir ses examens.
3. J'aimerais **bien** savoir où il est allé.
4. Nous sommes **tou**jours contents de vous voir.
5. Il a perdu **trois** points sur son permis de conduire.
6. Et c'est **tout** ce que tu as trouvé comme ex**cu**se.
7. C'est **ter**miné ! Tu es privé de sortie pendant **quinze** jours.
8. C'est **en**core moi qui **dois** faire la vaisselle !

Exercice 16
1. beau ; 2. grand ; 3. immense ; 4. fantastique ; 5. merveilleuse ; 6. époustouflant

Corrigés

Exercice 17

	1	2	3	4	5	6	7	8
Elle devrait ...					X			
Je te conseille ...		X						
Je leur suggère ...						X		
À votre place ...	X							
Pourquoi ...				X				
Il vaudrait mieux ...			X					
Si tu veux un conseil ...							X	
Je vous encourage à ...								X

Exercice 18
1. Si vous voulez un conseil, n'achetez pas cette maison !
2. Pourquoi ne pas lui demander de faire cette randonnée avec nous ?
3. Je vous conseille d'arrêter de discuter et de travailler sérieusement.
4. Il vaudrait mieux qu'il continue ses études le plus longtemps possible.
5. À ta place, j'abandonnerais ce projet avant d'avoir trop de problèmes.
6. Nous l'encourageons à tout faire pour réaliser son rêve.

Exercice 19
1g : Alice a très mal aux dents, elle n'a qu'à aller chez le dentiste.
2e : Cette association a besoin d'argent, elle n'a qu'à organiser une collecte.
3f : Julien a trop de travail, il n'a qu'à engager une secrétaire.
4b : Ce magasin n'a pas assez de clients, il n'a qu'à faire plus de publicité.
5d : Elles sont malades en avion, elles n'ont qu'à prendre le train.
6c : Le maire veut satisfaire ses électeurs, il n'a qu'à baisser les impôts.
7a : Vous voulez envoyer rapidement ces contrats, vous n'avez qu'à utiliser le fax.

Exercice 20
Proposition de corrigé
1. À ta place, je prendrais les transports en commun pour aller au bureau.
2. Il vaudrait mieux que tu laisses ta secrétaire répondre plus souvent au téléphone.
3. Je t'encourage à sortir déjeuner avec tes collègues.
4. Tu devrais faire des pauses de 5 à 10 minutes entre tes rendez-vous.
5. Si j'étais toi, je diminuerais petit à petit ma consommation de café.
6. n'as qu'à apprendre à dire non à tes collègues.
7. Tu ne pourrais pas essayer de mieux t'organiser ?
8. Si j'ai un conseil à te donner, ne rapporte pas de travail chez toi.

Exercice 21

R	A	K	N	X	E	C	J	M
I	R	B	U	K	R	O	E	U
C	V	E	T	R	I	C	U	L
H	E	S	N	Z	L	H	Q	T
E	T	D	O	G	E	O	N	I
S	H	I	B	U	R	N	A	P
S	Y	R	F	D	I	A	B	L
E	X	C	I	V	T	U	P	I
S	E	I	M	O	N	O	C	E
E	C	U	R	E	U	I	L	R

Exercice 22
faire un temps de cochon : 4 ; manger comme un cochon : 2 ; avoir une tête de cochon : 1 ; être copains comme cochons : 3 ; faire un travail de cochon : 5

Exercice 23
1. une araignée au plafond ; 2. un froid de canard ; 3. poser un lapin ; 4. un temps de chien ; 5. moche comme un pou ; 6. têtu comme un âne

Corrigés

UNITÉ 6 pages 50 à 59 : Et si ...

Exercice 1
comme il est très **influençable** ; ça va mais tu sais, il est **malin** ; Bah oui, il est très **vivant** et pour l'oral, c'est bien. ; Tu sais que je suis plutôt **rancunier** ; tu es du genre **têtu**.

Exercice 2
1. d ; 2. c ; 3. b ; 4. d ; 5. a

Exercice 3
le vent : n° 2
le téléphone : n° 1
une odeur étrange : n° 4
la peur ou une douleur : n° 3

Exercice 4
1. grr... - 2. glou glou - 3. miam miam... - 4. chut...

Exercice 5
1. seraient descendus ; 2. n'auriez pas aimé ; 3. aurait fallu ; 4. serait allé(e)(s) ; serait monté(e)(s) ; m'aurait plu ; 5. aurais dit ; 6. aurais pu

Exercice 6

	1	2	3	4	5	6
un regret		X				
un reproche	X				X	
un fait imaginaire						
un doute			X			
un conseil				X		
une information incertaine						X

Exercice 7

1	2	3	4	5	6
f	d	a	b	c	e

Exercice 8
phrase 1 : regret
phrase 2 : doute
phrase 3 : information incertaine
phrase 4 : information incertaine
phrase 5 : reproche
phrase 6 : regret

Exercice 9
1. auraient voulu ; 2. aurais dû ; 3. dirait ; 4. aurait chuté ; 5. serais ; 6. aurait rejoint ; 7. pourrais ; 8. n'aurait jamais dû

Exercice 10
Proposition de corrigé
1.
– Qu'est-ce que tu veux faire ?
– On pourrait jouer à la marelle !
– Non, on joue à la maîtresse !
– D'accord. Alors toi tu serais la maîtresse d'école et moi, je serais un enfant pas très sage.
– Ah ! oui... et je te donnerais plein de travail supplémentaire !
2.
Franck : Et si tu avais pu faire autre chose comme métier, tu aurais fait quoi ?
Mathias : Tu sais que mon père travaillait dans le bois. Il était menuisier, et il aurait bien aimé que je devienne menuisier également.
Franck : Ah oui ? Et toi ?
Lucie : Moi, j'aurais aimé être une peintre très célèbre.
Mathias : Ah, oui, tout simplement !

Exercice 11

1	2	3	4	5	6	7
f	d	g	e	a	c	b

Exercice 12

la personne exprime...	1	2	3	4	5
le regret	X			X	
la colère		X			
la tristesse					X
la méfiance			X		

Exercice 13
[X] C'est dommage que je ne l'aie pas su avant.
[X] Il aurait fallu qu'on revoie le projet tous ensemble avant de le remettre.
[X] Je sais, je n'aurais jamais dû partir vivre en Auvergne.
[X] C'est dommage de ne pas avoir réagi plus tôt à cette lettre.

Corrigés

X Si nous avions su, nous n'aurions pas invité autant de monde.

Exercice 14
Proposition de corrigé

1. – Excuse-moi, je ne vais pas pouvoir rester ce soir pour la réunion, j'ai un empêchement.
   – C'est dommage que je ne l'aie pas su avant. On aurait pu la reporter à un autre jour.
   – Oh, tu arriveras bien à te débrouiller sans moi, non ?
2. – J'ai pris connaissance du dossier Lapérouse ce matin, j'y ai trouvé des choses surprenantes.
   – Ah, bon ? C'est vrai qu'on l'avait fini en votre absence. Mais Valérie nous avait fait comprendre que ça pourrait aller.
   – Oui, oui, ça peut aller, mais il aurait fallu qu'on revoie le projet tous ensemble avant de le remettre.
3. – À vrai dire, là, j'ai un peu de mal à progresser. Ça fait cinq ans que je fais la même chose et je ne suis pas sûr que mon directeur veuille me donner de nouvelles responsabilités.
   – De toute façon, dans les petites entreprises, en province, c'est toujours plus difficile que dans les grandes villes.
   – Je sais, je n'aurais jamais dû partir vivre en Auvergne.
4. – Oui, nous avons effectivement reçu une lettre de la société Chanteau. C'était le 17 mars.
   – Faites voir. C'est dommage de ne pas avoir réagi plus tôt à cette lettre.
   – Oui, enfin, vous savez, chez Chanteau, ils auraient aussi pu nous contacter par téléphone s'ils voulaient une réponse rapide.
5. – Donc, avec toutes les installations, la décoration, les serveurs,... pour un menu gastronomique, on arrive à 19 473,55 euros TTC.
   – Ah, oui, quand même ! Ça va faire une belle fête !
   – C'est que... vous avez beaucoup d'invités.
   – Si nous avions su, nous n'aurions pas invité autant de monde.

Exercice 15

1. X elle pourra t'expliquer ;
   X demande-lui qu'elle t'explique.
2. X ne seraient peut-être pas en grève. ;
   X n'auraient peut-être pas été en grève.
3. X me demandait ça.
4. X il réussira.

Exercice 16
Proposition de corrigé

1. Si tu **rates le train de 17 h 50**
2. S'il **n'était pas si fatigué**
3. Si Marie **le voulait**
4. si elle **n'en avait pas besoin.**
5. Si Marc **vient sans ses deux filles**
6. si **l'université lui avait donné une bourse d'étude.**

Exercice 17

	a	b	c	d	e	f	g	h	i	j	k	l	m	n
1	D	U				V	A	S					D	
2	E		V				V		F				I	
3	V	I	E	N	D	R	A	I	E	N	T		R	
4	R		U			I			R				A	
5	A		I	R	A	I	T		A	U	R	A	I	S
6	I		L		I				I		E		T	
7	S		L		M	A	I	T		V			S	
8		E		I	V			V	I	V	R	A		
9			S	E	R	A	I	S		E			U	
10				Z	I		U			N			R	
11	D	O	I	S		N	E	E			D	I	R	A
12	I					N					R			I
13	S	A	U	R	A	I	T				A			S
14	E				S			P	R	I	S			

Exercice 18
A

X – Ce qui ne me va pas, dans cette histoire, c'est que tu ne m'as pas prévenu plus tôt.

Y – Je ne pouvais pas, j'ai appris ça au dernier moment...

X – De toute façon, mon fils n'est pas gentil du tout, il ne pense qu'à lui !

Y – Vous ne devriez pas dire des choses aussi dures.

X – Tu crois pas qu'il aurait pu s'excuser, quand même ?

Y – Bah si, mais ce n'est pas son genre... Il est tellement fier !

Corrigés

X – Je ne répéterai pas, tu n'avais qu'à écouter !
Y – Tu vois comment tu es, hein... Moi, je dois faire deux choses en même temps mais, toi, tu ne fais jamais d'effort pour les autres !

B

X – Ce que je te reproche, c'est de ne pas dire ce que tu penses.
Y – Mais si, je le dis, c'est toi qui ne m'écoutes pas !

X – Mais comment est-ce que tu peux supporter ça ?
Y – Je voudrais bien te voir à ma place, ce n'est pas si facile !

X – Tu aurais pu m'appeler hier !
Y – Oui, bah désolé, je n'ai pas eu le temps, j'ai eu trop de boulot !

X – Là, moi je pense que vous n'auriez pas dû quitter ce poste.
Y – Ça, ce sont mes affaires et je pense que si on ne se sent pas bien dans son travail, il vaut mieux en changer.

Exercice 19

La mère : Si tu m'avais écoutée tu aurais pu aller voir ton amie Salomé.
La fille : Si tu m'avais laissée parler, on ne se serait pas disputées.
La mère : Dis donc, je t'ai laissée parler. Mais si toi tu voulais bien ne pas toujours avoir raison, on pourrait peut être...
La fille : Eh, voilà, c'est encore de ma faute, et c'est toujours moi qui ai tort. Si tu te mettais à ma place de temps en temps, tu verrais que vraiment tu exagères parfois !
La mère : Je ne suis pas sûr que ce soit moi qui exagère. Si tu réfléchissais un peu plus, tu comprendrais souvent pourquoi je te dis de faire telle ou telle chose.
La fille : Je voudrais bien comprendre si tu m'expliquais un peu, au lieu de me dire non, c'est pas bien, il ne faut pas...
La mère : Bon écoute, là, tu vas te calmer dans ta chambre et on en reparle plus tard. Allez, ouste !

Exercice 20

1. condition ; 2. temps ; 3. manière ; 4. condition ; 5. temps ; 6. condition ; 7. temps ; 8. manière

Exercice 21

1. En revoyant Cédric, je me suis tout de suite souvenu de nos bêtises à l'école.
2. En passant boulevard Pasteur, pense à t'arrêter à la banque pour prendre un nouveau chéquier !
3. Le patron n'a montré aucune réaction en lisant le tract des syndicats.
4. J'ai dû perdre ma montre en courant ce matin pour prendre mon bus.
5. Tu pourras lire une revue en attendant que le médecin vienne te chercher.
6. C'est en lisant ces quelques lignes qu'elle comprendra tout de cette histoire.

Exercice 22

1	2	3	4	5	6
c	a	f	e	b	d

Exercice 23

1. Fabien Barthez a quitté le terrain en saluant le public.
2. Elle s'est blessée à l'œil en se maquillant.
3. Florence est sortie du bureau du directeur en pleurant à chaudes larmes.
4. Il discutera avec sa fille en essayant de rester calme, cette fois-ci.
5. On a fait le tour du VIe arrondissement en marchant tranquillement.
6. En quelques mois, ils ont appris le français en s'amusant beaucoup.

Exercice 24

Proposition de corrigé

1. J'ai vu passer Catherine en rentrant la voiture au garage.
2. En regardant ces photos, je me suis souvenu de tout ce qu'on avait fait ensemble en 1998.

Corrigés

3. J'ai beaucoup ri en lisant ton message.
4. Moi, je me suis endormie en lisant ce livre.

Exercice 25

	1	2	3	4	5	6
très heureux		X				
en colère				X		
triste						
snob					X	
surpris				X		X
fatigué	X					

Exercice 26
1. Elle a beaucoup augmenté.
2. Comme les impôts et les taxes augmentent, l'État devrait avoir de l'argent pour payer la dette.
3. L'État dépense trop d'argent.
4. L'argent prélevé par l'impôt sur le revenu.
5. Les entreprises publiques sont endettées et l'État a besoin de beaucoup d'argent pour le paiement des retraites
6. Non, certains pays de l'Union européenne ont réussi à réduire leurs dettes alors qu'en France la dette devient de plus en plus importante.
7. La moyenne des pays de l'UE arrive à réduire sa dette de 3,9 points du PIB, tandis qu'en France elle augmente de 5,2 points.

Module 4
(Inter)agir dans des situations sociales

UNITÉ 7 pages 60 à 68 : **Débat**

Exercice 1
1. inclure ; 2. revendiquer ; 3. concurrencer ; 4. contribuer

Exercice 2
1. supporte ; 2. comporte ; 3. l'emporter ; 4. apporte ; 5. reporter ; 6. transporter ; 7. exporter ; 8. rapporté ; 9. emporter

Exercice 3

dial.	Sujet de la discussion	Expressions utilisées pour prendre la parole
1.	Les problèmes en matière d'échanges dans les îles de l'Europe	Si vous permettez ! Je demande la parole. J'aimerais parler des …
2.	Les faibles ressources dans les îles de l'Europe	Je voudrais dire quelque chose à ce sujet. Laissez-moi parler !

Exercice 4
1. Je voudrais vous dire quelque chose. ; 2. J'ai quelque chose à vous dire. ; 3. Laissez-moi vous expliquer quelque chose. ; 4. Je voudrais vous parler de quelque chose.

Exercice 5

dial.	Sujet de la discussion	Expressions utilisées pour empêcher l'autre de parler
1.	Une émission sur l'Union européenne	Tais-toi ! La ferme !
2.	Des résultats économiques et un problème de travail	S'il vous plaît ! Excusez-moi !
3.	Une réponse à une candidature	Chut !

Exercice 6
1. – L'Union européenne représente le numéro un mondial dans plusieurs domaines (production industrielle, services, exportation …)
– Les sociétés de l'Union européenne ont des compétences professionnelles précieuses.
– L'Union européenne a la chance d'être une association de pays et chaque pays a son identité et ses spécificités. C'est ce qui fait que l'Europe est créative.
2. En premier lieu/En second lieu/Troisièmement
3. Selon la journaliste, être une association de 25 pays, avec ses différences, ses divergences et son administration un « boulet ».

Corrigés

4. Selon Jérôme Dutrin un « boulet » ralentit la marche mais peut-être bon en définitive, parce qu'en économie ce n'est pas toujours celui qui court le plus vite qui gagne. Pour lui, c'est une richesse.

Exercice 8
1. mais aussi ; 2. de ce fait ; 3. c'est pourquoi ; 4. au contraire ; 5. cependant ; 6. en conséquence

Exercice 9
Proposition de corrigé
1. Cet été, nous allons en vacances près d'Avignon, à côté de chez vous. Ainsi, nous nous verrons régulièrement.
2. Faire la fête pour son anniversaire ne lui plaît pas. Au contraire, je crois qu'elle préfère rester seule.
3. Il faudrait que nos bénéfices continuent à augmenter. De cette façon, nous pourrions employer plus de personnel.
4. Il n'a pas seulement acheté une nouvelle voiture mais aussi une nouvelle maison grâce à l'argent du loto.
5. L'équipe de France a perdu. Toutefois, elle a bien joué.

Exercice 10
Proposition de corrigé
Les jeunes sont l'avenir de l'Union européenne. Toutefois, beaucoup ne s'intéressent pas à la vie de l'UE, ne participent pas aux élections ou ont le sentiment de ne pas être entendus. C'est pourquoi le Conseil de l'Europe met en place des systèmes pour rester en contact avec eux. Mais, il ne peut pas s'adresser directement à chaque jeune Européen alors il préfère travailler avec des « multiplicateurs », c'est-à-dire des personnes qui apprennent, s'informent, puis rentrent chez elles pour diffuser l'information. En outre, il a créé le Centre européen de la jeunesse (CEJ) et le Fonds européen pour la jeunesse (FEJ) afin d'encourager la participation des jeunes à la société.

Exercice 11
1. quelques ; 2. chaque ; 3. certaines ; 4. quelque ; 5. aucun ; 6. tous ; 7. tout

Exercice 12
Encore ! C'est chaque fois pareil !
J'ai plusieurs solutions. Ne vous inquiétez pas !
Mais non, ce n'est pas la même chose !
Malheureusement, non, il n'y a aucun espoir. On ne pourra pas la retrouver.
Non, je sais ce que je fais, je n'ai nul besoin de vos conseils !
Oui, elle a quelques amis, mais elle ne les voit pas souvent.

Exercice 13
1. (chacun - ~~plusieurs~~) ; 2. (~~quelques~~ - quelques-uns) ; 3. (aucun - ~~certains~~) ; 4. (~~toutes~~ - plusieurs) ; 5. (certains - ~~tous~~)

Exercice 14
1. quelqu'un ; personne ; 2. plusieurs ; 3. certains ; 4. chacun ; 5. aucun

Exercice 15
1. la même ; 2. le même ; 3. les mêmes ; 4. la même

Exercice 16
1. tous ; 2. toutes ; 3. Toute ; 4. Toutes ; 5. Tout ; 6. Tout ; 7. Tout ; 8. Tout ; 9. Toute

Exercice 17
1. je vous les apporte toutes demain à huit heures.
2. je les ai tous effacés.
3. Il va falloir toutes les rouvrir./Il va falloir les rouvrir toutes.
4. Nous les avons tous contactés.
5. Je ne les connais pas toutes.
6. on n'a pas pu tous les vérifier./on n'a pas pu les vérifier tous.
7. on ne les a pas tous distribués.
8. Je ne vais pas pouvoir toutes les fabriquer cette semaine./Je ne vais pas pouvoir les fabriquer toutes cette semaine.

Exercice 18
1. – Bon, je les prends tous.
2. – Ils vont tous être privatisés./Tous vont être privatisés.
3. – Oui, ils doivent tous signer/tous doivent signer avant le 31 décembre 2006.

Corrigés

4. – En effet, elles sont toutes en augmentation/ toutes sont en augmentation.
5. – Oui, et elles vont toutes venir/toutes vont venir !
6. – Oui, mais, ne vous inquiétez pas, on ne va pas tous les visiter/les visiter tous !
7. – Bah, oui ! Je n'allais quand même pas toutes les apporter/les apporter toutes !
8. – Ne me dis pas qu'il va falloir toutes les vérifier/les vérifier toutes à nouveau !

Exercice 19
1. – Non. Rien de très important
2. – Oui. C'est quelqu'un de très bien !
3. – Oui, mais on n'a trouvé personne d'assez compétent.
4. – Non, pas encore. Je voudrais quelque chose d'original.
5. – Bof ! rien de spécial.
6. – Ah, non. Il n'y a personne de libre, ce matin.
7. – Lesieur ? Méfie-toi ! C'est quelqu'un de pas très honnête.
8. – Maintenant, non : j'ai quelque chose d'urgent à faire.
9. – Non. Je n'ai rien d'autre à vous offrir.
10. – Oui, j'ai quelque chose de très intéressant à vous montrer.

Exercice 20
Proposition de corrigé
1. Les Européens peuvent penser que l'Europe est le centre du monde car sur une carte du monde « classique », l'Europe est au milieu.
2. Selon l'histoire, l'Europe devrait savoir qu'elle n'est pas le centre du monde puisqu'elle a entretenu et entretient toujours des relations innombrables avec le reste du monde.
3. Le Conseil de l'Europe participe à des rencontres mondiales, des conférences internationales et ses experts jouent également un rôle de conseiller, auprès du nouveau gouvernement sud-africain par exemple.

Exercice 21
Proposition de corrigé
1. Les six continents sont représentés sur cette carte : Afrique, Amérique, Antarctique, Asie, Europe, Océanie.
2. L'Antarctique, l'Amérique du sud et l'Australie ont presque la même taille.
3. Les avantages de cette carte : une vision différente de notre monde, un respect de la taille des pays telle qu'elle est dans la réalité, la présence de l'Antarctique… Les inconvénients : les repères habituels disparaissent, les distances entre les continents ne sont pas respectées, la carte donne plus d'importance aux continents qu'aux océans…
4. On a donné cette forme particulière à cette carte pour avoir une autre vision du monde et montrer de nouvelles relations entre les pays.

UNITÉ 8 pages 69 à 77 : Francophones

Exercice 1

Journaliste : Bonjour Jean Odoutan. Voudriez-vous répondre à quelques questions pour nos auditeurs ?
Jean Odoutan : Avec plaisir.
Journaliste : Comment est-ce que vous arrivez à vous **débrouiller** pour faire vos films ?
Jean Odoutan : Je fais un maximum de choses moi-même. Je suis **réalisateur** distributeur, attaché de presse …
Journaliste : Et parfois, vous êtes même **acteur** dans vos propres films !
Jean Odoutan : Oui, mais ce n'est pas tout, j'ai **d'autres cordes à mon arc**. J'organise aussi **le festival** international de film de Ouidah au Bénin, tous les ans.
Journaliste : Ce n'est pas **de la tarte** de faire tout ça en même temps !
Jean Odoutan : Non et je ne peux pas dire qu'il n'y aura pas de problèmes. C'est un travail **de longue haleine**.
Journaliste : C'est vrai qu'on vous appelle **le surhomme** ?
Jean Odoutan : Oui, c'est mon surnom. On m'appelle comme ça parce que je fais le maximum pour mon travail. C'est mon job qui me tient **le plus à cœur**.
Journaliste : Jean Odoutan, merci beaucoup d'avoir répondu à mes questions.
Jean Odoutan : Je vous en prie.

Corrigés

Exercice 2
Proposition de corrigé

Comme chaque année depuis la première édition en 2003, le mois de janvier béninois vit au rythme du Festival international du film de Ouidah, Quintessence. Organisé par le cinéaste Jean Odoutan, le festival accueille une nouvelle fois de grands réalisateurs francophones, africains pour la plupart. Cette année, viendront ainsi nous présenter leur film l'Algérien Mostefa DJADJAM (*Frontières*), la Congolaise Meiji U TUM'SI (*La Dictée*), le Marocain Hassan LEGZOULY (*Tenja*) et bien d'autres encore. Le public saluera certainement la présentation de deux films que les critiques cinématographiques ont déjà repérés : *Le Prix du pardon*, de Mansour Sora Wade (Sénégal) et *Après un voyage dans le Rwanda* du Français Denis GHEERBRANT.

Le public est le bienvenu à toutes les présentations et il pourra, à cette occasion, rencontrer les réalisateurs, les metteurs en scène et les acteurs des films présentés (et des invités surprises sont annoncés ; le nom de Souleymane Cissé est souvent prononcé). En plus des projections de films, le public peut participer à des débats sur le cinéma et des activités seront cette année proposées aux enfants de Ouidah.

Les cinémas d'Afrique se portent de mieux en mieux et nous font découvrir chaque année de nouveaux réalisateurs pleins de talents et des acteurs qui doucement deviennent des vedettes. Quintessence est un festival qui en très peu de temps a su trouver sa place sur le continent africain pour devenir l'un des grands festivals. Il serait dommage qu'il ne figure pas sur votre agenda du mois de janvier.

Exercice 3

	1	2	3	4	5	6	7	8
Exprime l'opposition		X		X	X		X	X

Exercice 4

	1	2	3	4	5	6	7	8
Opposition nette	X	X			X		X	
Opposition moins marquée				X	X		X		X

Exercice 5

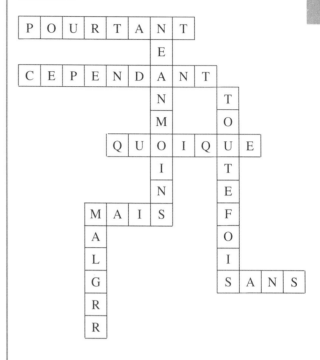

Exercice 6
1. quitte à ; 2. même s' ; 3. bien qu' ; 4. cependant ;
5. en dépit des ; 6. Nous avons beau

Exercice 7
1. viennent/vont venir ; 2. ait ; 3. est arrivé ; 4. soit ;
5. puisse ; 6. s'est mariée ; 7. ne parle pas ;
8. ne sache pas

Exercice 8
Proposition de corrigé

1. Elle a laissé ses enfants à l'école sans **leur dire qui viendrait les chercher l'après-midi**.
2. Nous lui pardonnerons quoique **nous ayons beaucoup de reproches à lui faire**.
3. Alain a accepté ce nouveau travail au mépris **des conseils que je lui avais donnés**.
4. Les enfants étaient très malades néanmoins **nous avons réussi à les guérir rapidement**.
5. Mes collègues ne voulaient pas travailler sur ce projet mais **ils l'ont fait** quand même.
6. Autant il aime passer du temps avec ses amis autant **il aime parfois être seul**.

Corrigés

Exercice 9
1. Les transports en commun sont peu développés bien que les villes soient polluées.
2. Le gouvernement ne changera pas d'avis, même si les journaux parlent de ce problème.
3. Les Français ont beau travailler 35 heures par semaine, ils veulent plus de temps libre.
4. Le président sortant n'a pas été réélu contrairement au résultat des derniers sondages.
5. Quoique les prix de l'immobilier baissent (aient baissé), les Français n'achètent plus d'appartement.
6. Malgré de nombreuses recherches, un vaccin n'a pas encore été trouvé.

Exercice 10
Proposition de corrigé
Mama Aloko pourrait passer comme un film d'amateur chez certains qui relèveront des défauts dans le scénario et une histoire un peu trop simple. Le film, il est vrai, met en scène des personnages qui semblent peu naturels.
Toutefois, le film trouve sa force dans des acteurs très énergiques qui parviennent à faire vivre des scènes très réussies. En dépit d'un scénario fragile, les dialogues sont très drôles et le film est à hurler de rire, même s'il présente des stéréotypes trop fréquents sur la communauté africaine de Paris.
Ce qu'on ne peut pas enlever, cependant, à ce film, c'est une musique géniale qui nous emmène au cœur de la culture africaine.

Exercice 11
Proposition de corrigé
A
1. De plus en plus de gens partent en vacances à l'étranger bien que **les billets d'avion restent encore chers**.
2. Les jeunes utilisent constamment leur téléphone portable même s'**ils n'ont pas, finalement, grand chose à se dire**.
3. La recherche contre les maladies génétiques progresse lentement malgré **la difficulté des études génétiques**.
4. Les journaux ont beaucoup parlé de ce scandale cependant **c'était une information assez peu importante en définitive**.
5. La police a arrêté son enquête quitte à **la reprendre plus tard**.
6. Le prix de l'essence a augmenté tandis que **celui du gaz a baissé**.

B
1. Ce film n'a pas eu un grand succès bien que **sa sortie ait été annoncée par une très grande campagne de promotion**.
2. Ce jeune romancier a vendu beaucoup de livres même si **la critique avait été plutôt mauvaise**.
3. Les manifestants ont bloqué l'accès à la ville malgré **la présence de la police**.
4. Le gouvernement a augmenté les impôts cependant **il va aussi augmenter le salaire minimum**.
5. Les Français partent de plus en plus souvent en week-end quitte **à partir moins longtemps pendant l'été**.
6. Le nombre de personnes connectées à Internet a augmenté tandis que **le nombre d'ordinateurs familiaux reste stable**.

Exercice 12
1. Avoir du pain sur la planche. ; 2. Couper la poire en deux. ; 3. La moutarde me monte au nez. ; 4. Mi-figue, mi-raisin ; 5. Mettre de l'eau dans son vin. ; 6. Mettre la main à la pâte.

Exercice 13
1. mettre la main à la pâte ; 2. mettre son grain de sel ; 3. ça ne mange pas de pain ; 4. mi-figue, mi-raisin ; 5. tourner au vinaigre ; 6. ce n'est pas du gâteau

Exercice 14

	1	2	3	4	5
Être dans le pétrin			X		
Faire ses choux gras de quelque chose					X
Avoir du pain sur la planche				X	
Faire monter la mayonnaise		X			
Couper la poire en deux	X				

Corrigés

Exercice 15

	phrases
Le participe passé s'accorde avec le sujet	2 ; 4
Le participe passé s'accorde avec le complément direct placé devant le verbe	3 ; 6
Le participe passé reste invariable car le complément direct est placé derrière le verbe	5
Le participe passé reste invariable car le pronom se est complément indirect	1

Exercice 16

	Le participe passé s'accorde avec le complément direct placé devant le verbe	Le participe passé reste invariable car le complément direct est placé derrière le verbe
1		X
2	X	
3		X
4		X
5	X	
6	X	

Exercice 17
1. écrit ; 2. rencontrés ; 3. préparée ; 4. rendu ; 5. coupé ; 6. améliorées

Exercice 18
1. – se sont téléphoné - se sont rencontrés
   – se sont donné rendez-vous
2. – se sont disputés
   – se sont battus
3. – se sont mis d'accord - se sont réconciliés ?
   – se sont téléphoné - se sont parlé
4. – se sont réconciliés
   – se sont parlé - se sont téléphoné - se sont rencontrés

Exercice 19
« Sinon, Ouidah est un **coin paradisiaque. Le calme**, la volupté, les palmiers, les plages **immenses**, les **cases** en bambou, des **gens** simples et sans chichis et falbalas et **pas la moindre** pollution. Tout est encore à l'état **sauvage**. C'est un coin **idéal** pour passer des vacances, pour finir **allègrement** ses jours ou pour **tourner** un film. »

Exercice 20
Proposition de corrigé
1. Ses productions « n'ont, pour la plupart, pas été tournées dans le pays et sont uniquement en langue française. »
2. Il a voulu « essayer de mettre en place une vraie culture cinématographique et pour qu'il se passe quelque chose à Ouidah ». En outre, il était désolé de ne jamais entendre parler du Bénin dans les festivals.
3. Il « n'y a pas encore de cinéma africain. Nous n'en sommes qu'au début. »
4. Il les considère « comme des analphabètes du 24 images/seconde comme moi », c'est-à-dire qu'ils ne connaissent encore pas beaucoup de choses quant à la façon de faire un film.
5. Il y a « des ateliers pratiques tous les matins autour du cinéma : écriture, musique, réalisation… Les après-midi sont consacrés aux projections de courts et longs métrages ainsi que des documentaires. »
6. Ils préfèrent les films africains « car ils sont plus proches de leur culture ».

Module 5
Structurer son discours

UNITÉ 9 pages 80 à 88 : **Le travail**

Exercice 1
1. obstacles ; 2. délivre ; 3. cataloguée ; 4. contraintes ; 5. d'appoint ; 6. empêchent

Exercice 2
1. vues/considérées ; 2. distingue/devine/voit un peu ; 3. obtienne/enregistre ; 4. créé/imaginé/inventé/pensé/réalisé ; 5. mécontente/insatisfaite/dégoûtée

Exercice 3
1. (mon) travail/boulot ; 2. (un) travail/emploi/boulot ; 3. travail/activité professionnelle/poste ; 4. (l') emploi ; 5. (d') emploi ; 6. activité professionnelle ; 7. travail/carrière/activité professionnelle : profession/boulot ; 8. un excellent travail/boulot ; une excellente activité professionnelle/profession

Corrigés

Exercice 4
Proposition de corrigé

Hier, il manquait environ un tiers des étudiants à cause de la grippe.
La majorité des Français a voté contre le traité constitutionnel européen en mai 2005.
La plupart de ces importations viennent d'Asie du sud.
Dans ce pays, nombre de personnes n'ont aucune conscience politique.
L'artiste a été applaudi par de nombreux admirateurs de tout âge.
J'ai dû me débarrasser d'un grand nombre de livres quand je suis parti habiter à Paris.

Exercice 5
Proposition de corrigé

1. – Tu as lu la Constitution européenne ? Qu'est-ce que tu en as pensé ?
   – Oh, globalement, cela m'a paru plutôt bon. Mais le texte **comportait** beaucoup d'articles, je n'ai pas pu tout lire.
2. – C'est peut-être dangereux de partir en montagne pendant plusieurs jours, sans guide.
   – Mais ne t'inquiète pas. Tu sais bien qu'on **compte** un médecin parmi nous. Donc, en cas de problème…
   – D'accord, mais si on se perd, Pierre a beau être médecin, il ne retrouvera pas le chemin…
3. – Tu es au courant de cette nouvelle mesure qui **concerne** les étrangers qui entrent en France ?
   – Ah ! oui… ils auront droit à des cours de français gratuitement, c'est ça ?
   – Oui et ce sera obligatoire.
4. – Tu n'es jamais contente, c'est un bon boulot, non ?
   – Non, c'est un boulot mais on ne peut pas dire un « bon » boulot. Je vais chercher mieux, je ne vais pas **me contenter de** ce poste qui ne me plaît que très peu.

Exercice 6
1. **quelles** que soient les conditions ; 2. **quelle** que soit l'université ; 3. **quel** que soit le moment ; 4. **Quels** que soient vos problèmes

Exercice 7
1. où ; 2. quelle ; 3. quoi ; 4. qui ; 5. quel

Exercice 8
1. soient. ; 2. fasse ; 3. aille ; 4. choisissiez

Exercice 9
Proposition de corrigé

1. Je n'ai pas envie de recevoir quelqu'un chez moi, **qui que** ce soit.
2. **Quoi qu'**elle fasse, sa mère la critique.
3. **Où que** j'aille, on me dit toujours que je manque d'expérience.

Exercice 10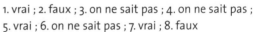
1. vrai ; 2. faux ; 3. on ne sait pas ; 4. on ne sait pas ; 5. vrai ; 6. on ne sait pas ; 7. vrai ; 8. faux

Exercice 11
n° 1 : phrase 7 ; n° 2 : phrase 4 ; n° 3 : phrase 3

Exercice 12
Proposition de corrigé

Avec les beaux jours, reviennent les emplois saisonniers. Ils sont près de 400 000, étudiants ou demandeurs d'emploi, à recourir à cette forme d'emploi, qui ne durera, ils connaissent la règle, que le temps d'une saison…
Ils sont cuisiniers, plagistes, vendeurs de crèmes glacées ou encore employés de maison et ils ont tous une grande soif de liberté. En effet, ces emplois saisonniers offrent la possibilité de quitter sa ville de résidence, ce qui donne un petit air de vacances, même s'il faut travailler. Que ce soit en France ou dans les pays de l'Union européenne, nombre de jeunes – et de moins jeunes – réussissent à gagner une autonomie financière pendant le reste de l'année, grâce à ces emplois saisonniers.
Faut-il des diplômes ou des qualifications spéciales pour partir en saison ? Tout dépend de l'emploi visé. Un cuisinier devra avoir son diplôme, c'est sûr, mais il suffira d'aimer la musique et de jouer de la guitare pour animer une terrasse de restaurant les soirs au bord de la mer. Les conditions de travail varient également en fonction des besoins et des qualifications du demandeur. Il en va de même pour le salaire qui va du plus bas au plus élevé.
Pour trouver un emploi saisonnier, il faut effectuer les même démarches que pour un travail à durée

Corrigés

indéterminée mais il faut savoir que de nombreuses agences sont spécialisées dans ce type d'emplois et vous fourniront toutes les informations nécessaires sur vos droits et vos obligations en tant que travailleur saisonnier.

Exercice 13
Proposition de corrigé
1. En bref, *Action emploi* est le magazine qui répond à toutes vos questions.
2. Pour tout dire, le vélo est un secteur d'activité auquel il faut penser.
3. En un mot, le nouveau spectacle de Royal de Luxe sera une surprise pour tout le monde le 19 mai.
4. Pour résumer, le Costa Rica est le pays où vous devez passer vos prochaines vacances.

Exercice 14
1. pour laquelle elle ne tournait pas souvent ;
2. dans lesquels il se passe quelque chose

Exercice 15
1. laquelle ; 2. lesquels ; 3. lesquelles ; 4. lequel ;
5. lesquels ; 6. laquelle ; 7. lesquelles ; 8. laquelle

Exercice 16
1. avec ; 2. sur ; 3. sur ; 4. pour ; 5. chez ; 6. grâce à ;
7. pour ; 8. avec

Exercice 17
1. Le directeur voudrait avoir les noms de toutes les personnes **avec lesquelles** vous avez été en contact au cours de votre intervention à Bucarest.
2. Le programme ALI permet de proposer des activités **grâce auxquelles** les enfants développent leur langage et leurs interactions sociales.
3. Un sondage sera effectué auprès d'un échantillon de femmes **chez qui/chez lesquelles** ces maladies ont été diagnostiquées.
4. Je ne mentionne jamais le nom des sociétés **avec lesquelles** je travaille.
5. Choisissez un pseudo et un mot de passe **grâce auxquels** vous pourrez accéder aux programmes.
6. Voici la liste des aliments **pour lesquels** des propriétés anticancéreuses ont été clairement établies.
7. La terre est une petite planète **sur laquelle** l'homme doit vivre en harmonie avec la nature.
8. Je vous remercie pour le sérieux **avec lequel** vous avez traité ma commande.
9. Le gouvernement veut mettre en place une nouvelle carte d'identité **sur laquelle** une puce contenant des données biométriques (empreinte digitale, photo) serait insérée.

Exercice 18
1. Pourriez-vous nous indiquer la date **à partir de laquelle** vous seriez disponible ?
2. L'organisation **au nom de laquelle** je prends la parole, est vivement préoccupée face aux discriminations dans le travail.
3. Il nous faudra trois jours pour atteindre le lac Kiloua **au bord duquel** la base scientifique est installée.
4. Nous avons reçu des images des manifestations **au cours desquelles** des individus ont détruit des vitrines dans le centre de Brest.
5. À Bruxelles, un décret vient d'être signé quant aux trois années d'études universitaires **à l'issue desquelles** le grade académique de bachelier en médecine peut être obtenu.
6. Je vous fais parvenir la liste des établissements **au sein desquels** notre personnel est autorisé à intervenir.
7. Vous êtes invité à la cérémonie officielle **au cours de laquelle** Monsieur le maire remettra la Médaille d'honneur de la ville à Messieurs Roberto Baptista (Brésil), James S. Lawson (Australie) et Nejat Yars (Turquie).
8. Vous trouverez ci-joint les adresses des Trésoreries du département de l'Isère **auprès desquelles** vous pouvez retirer votre carnet de chèques *transport Isère*.

Exercice 19
1. La jeune femme devait faire du classement, gérer des dossiers, contacter certains exploitants agricoles par téléphone et même les recevoir si cela était nécessaire.
2. Elle devait prendre rendez-vous avec les personnes dont le dossier était incomplet ou demander aux personnes de fournir des informations supplémentaires.

Corrigés

3. Elle devait demander l'avis d'une collègue quand le dossier était trop complexe.
4. L'homme pense que le CV de la jeune femme n'est pas assez précis, pas assez complet.
5. Elle a effectué son stage chez Merval, au service des ventes.
6. C'était une petite entreprise qui avait une grande activité : beaucoup de clients, de nombreux appels téléphoniques, énormément de commandes…
7. Le directeur de la société Merval expliquait beaucoup de choses à la jeune femme au sujet du fonctionnement de l'entreprise.

Exercice 21
Lettre 1
Madame, Monsieur,

J'ai pris connaissance, sur le site de l'ANPE, de votre offre d'emploi concernant des attachés commerciaux et je souhaiterais vous soumettre ma candidature.

Actuellement attaché commercial dans une agence immobilière, je désire intégrer un groupe qui me permette d'accéder à des fonctions d'encadrement. Le poste de chef d'agence que vous proposez pourrait ainsi répondre à mes attentes.

Par mes expériences professionnelles dans le secteur très concurrentiel de l'immobilier, j'ai acquis un savoir-faire commercial en force de vente et développé mon sens de la négociation. En outre, les responsabilités que j'ai assumées au sein d'une équipe commerciale m'ont permis d'enrichir mes compétences.

Enfin, la rémunération variable et liée à des objectifs, que vous offrez, me paraît capitale pour mobiliser une force de vente. C'est un système que j'ai pleinement adopté et je suis moi-même rémunéré en fonction de mes résultats.

Vous pourrez prendre connaissance, dans le CV ci-joint, de mon parcours professionnel, mais je serais heureux de vous rencontrer prochainement pour vous apporter plus d'informations quant à mon profil.

Veuillez agréer, Madame, Monsieur, l'expression de mes sincères salutations.

Lettre 2
Madame,

Votre offre de mission pour des travaux de rédaction éditoriale parue dans la revue Cadremploi le 18 juin 2005 a retenu mon attention.

Ma formation universitaire en Lettres et Histoire de l'art m'a permis d'acquérir de bonnes connaissances que j'ai complétées, au cours de mes missions dans l'édition, d'un solide savoir-faire rédactionnel.

Par ailleurs, mes expériences de correctrice dans des domaines variés m'ont permis de développer une bonne faculté d'adaptation et une grande rigueur de travail. Enfin, ma pratique courante du traitement de texte et mon sens de l'organisation seront des atouts supplémentaires pour m'impliquer efficacement dans la mission que vous proposez.

Vous trouverez, dans le curriculum vitae ci-joint, des informations vous permettant de mieux saisir mes compétences.

Souhaitant vivement vous rencontrer pour vous exposer plus amplement mon expérience et mes motivations, je vous prie d'agréer, Madame, l'expression de mes salutations distinguées.

Exercice 22
Proposition de corrigé
Annonce 1
Madame, Monsieur

Votre offre d'emploi parue dans la revue *L'étudiant* n°631 de mars 2005 a retenu toute mon attention.

Je suis actuellement étudiant en 2e année d'histoire de l'art à L'Université Lumière-Lyon 2. Mes savoirs acquis lors de mes deux années à l'université sont complétés par un voyage d'étude qui m'a permis d'approfondir mes connaissances de certains châteaux de la Loire comme celui de Montgeoffroy.

Étant originaire d'Angers, j'ai visité plusieurs fois ce château que j'affectionne tout particulièrement et j'aimerais beaucoup faire partager ce plaisir aux visiteurs.

Par ailleurs, mon expérience de réceptionniste dans un hôtel de Lyon durant cette année universitaire m'a offert la possibilité de développer mon sens de l'accueil et du contact que je saurai mettre en œuvre pour ce travail.

Vous trouverez de plus amples informations sur mon curriculum vitae ci-joint.

Je serais très heureux de vous rencontrer prochainement pour vous apporter de plus d'informations quant à mes motivations.

Veuillez agréer, Madame, Monsieur, l'expression de mes sincères salutations.

Arthur Talot

Corrigés

Exercice 23

	la personne interromp sa phrase pour	
	chercher ce qu'elle va dire	reconstruire et modifier sa phrase
1	X	
2		X
	X	
3	X	
	X	
4		X
5	X	
6	X	
7	X	
	X	

Exercice 24

	1	2	3	4	5	6	7	8	9	10	11	12	13	14	15	16	17
a	O	B	S	T	A	C	L	E		B	A	N	C		J	E	U
b	F		O		U						P		A		O	N	T
c	F	O	N	C	T	I	O	N	S		P	A	R	M	I		I
d	E		G		R						O		R		N		L
e	R		E	T	E	N	D	U		C	R	A	I	N	D	R	E
f	T	E	R		M						T	H	E		R		S
g	E			R	E	N	V	E	R	S	E		R		A	N	
h	S		C		N			G	A	R	D	E			S	A	C
i		P	A	R	T	I	E	S		L	E		A			G	E
j		E	T				O		U		C	E	S	S	E	R	
k	Q	U	A	L	I	F	I	C	A	T	I	O	N	S			T
l	U		L		L		I				I	C	I		C	A	
m	I		O		P	A	R	A	C	H	U	T	E	S		R	I
n	C		G		O	N		L		A			I			O	N
o	H	A	U	S	S	E		A	U	T	O	N	O	M	I	E	
p	E		E		T	R	E	S		T			T			R	
q	S	O	R	T	E			A	P	E	R	C	E	V	R	A	I

UNITÉ 10 pages 89 à 98 : **Humour**

Exercice 1
1. faux ; 2. vrai ; 3. faux ; 4. vrai ; 5. vrai ; 6. faux ; 7. vrai ; 8. vrai ; 9. faux

Exercice 2
1. blagues ; 2. méchanceté ; 3. rire ; 4. (d') humour ; 5. plaisanteries ; 6. moqueries

Exercice 3
a) 1. Le mot vache
2. J'ai lavé mon bol dans la cuvette
3. L'opéra
4. Un vin chaud
5. Des grosses bises
6. De beaux hôtels
7. Des bêtes sur les draps
8. Un mot grec

b) 1. Jean est au chaud
2. Jean est en Irak
3. L'appel des voyages
4. Quel temps de cochon

Exercice 4
impayable/tordant/farfelu/risible/rigolo/désopilant/bidonnant/hilarant

Exercice 5
1. fastidieux ; 2. farfelue ; 3. monotones ; 4. hilarant/tordant/désopilant/impayable ; 5. ordinaire ; 6. comiques

Exercice 6

sujet de la discussion	opinion positive	opinion négative	mots qui décrivent l'opinion
1. une exposition contemporaine		X	assez ordinaire
2. le dernier film de Woody Allen	X		désopilant
3. un roman		X	insipide
4. un voyage		X	monotone
5. le DVD du dernier spectacle de Muriel Robin	X		impayable

Exercice 7
1. aurons fini ; 2. n'auras pas encore vu ; 3. aura envoyé ; 4. aura réussi ; 5. aura tapé ; 6. seront partis ; 7. seront rentrées ; (seront) certainement reparties ; 8. n'aura pas eu

Exercice 8
1. On passera à table aussitôt que vous aurez fini votre coupe de champagne.

Corrigés

2. Quand Pascale arrivera au bureau, on aura fini de préparer sa surprise.
3. On rediscutera de cette question après que tu te seras calmée...
4. Ouh là là ! Déjà 16 h 45... J'arriverai là-bas après que les bureaux auront fermé, si je ne me dépêche pas un peu... .
5. On partira dès que j'aurai pu joindre Étienne au téléphone.
6. Le professeur reprendra son cours quand les étudiants se seront tus.
7. Michelle ira mieux quand elle aura vraiment compris la plaisanterie.
8. Tu viendras me voir une minute quand tu auras fini, s'il te plaît ?

Exercice 9
1. Quand les syndicats nous auront envoyé des informations, nous déciderons de la marche à suivre.
2. Quand ils se seront mariés, ils achèteront un appartement en ville.
3. Quand le Ministre aura reçu quelques représentants pour discuter des accords, la grève s'arrêtera peut-être.
4. Quand nous serons rentrés à la maison, nous téléphonerons à Louis et Annie pour les inviter.
5. Quand Ronan arrivera à l'aéroport pour nous dire au revoir, notre avion aura déjà décollé.
6. Quand il m'aura donné mon billet de concert, je le rembourserai.

Exercice 10
1. Le directeur vous recevra quand vous aurez obtenu vos diplômes.
2. Tu pourras refaire un saut en parapente dès que le vent se sera calmé.
3. Quand Anne aura eu son bébé, je lui offrirai une boîte à musique.
4. Tout ira bien une fois qu'elle aura fini de passer ses examens.
5. Non, je ne changerai pas d'avis, même quand j'aurai vu cet autre appartement !
6. Quand tu te seras lavé les dents, tu iras te coucher.
7. Les prix auront certainement augmenté la prochaine fois qu'on retournera dans cette boutique.

8. Quand on aura vérifié cette information, on pourra appeler Sofiane pour lui en parler.

Exercice 11

	dialogue
Ce que je veux dire, c'est que	X 1
Vous y êtes ?	X 2
Qu'est-ce que tu veux dire par là ?	X 3
C'est bien...que	X 3
Qu'entendez-vous par	X 2
Autrement dit	X 3
Je ne saisis pas	X 1
Tu veux dire qu'on	X 1

Exercice 12
1. ~~Autrement dit~~ - Je voulais dire que ... ; 3. ~~Ce que je veux dire, c'est que~~ - Ce que vous voulez dire ... ; 4. ~~Vous voulez dire que~~ - Vous voulez faire référence à ...

Exercice 13
1. Ça me rappelle quelque chose ; 2. Ce que je veux dire, c'est que... ; 3. Tu as l'air de dire que ; 4. Pour mieux me faire comprendre

Exercice 14
Voir la transcription de l'enregistrement

Exercice 15
1. occupe ; 2. remportera ; 3. va causer/ va provoquer ; 4. n'ont pas rencontré ; 5. porte ; 6. a reçu ; 7. avez obtenu ; 8. éprouves/ressens

Exercice 16
1. Vous entendiez les voisins chanter ?; 2. Paul et Michèle partent visiter le Louvre demain ; 3. Ils n'étaient pas retournés là-bas. ; 4. Après avoir lu ce livre, je me sentais plus gaie. ; 5. Est-ce que tu voudrais visiter le musée des arts africains ?

Exercice 17
1. sonner → sonner ; 2. admirer → admiré ; aller → allé(e)s ; 3. se disputer → se disputer ; 4. parler → parler ; 5. visiter → visiter ; 6. laisser → laissé ; tomber → tomber ; 7. aller → allées ; 8. donner → donné

Corrigés

Exercice 18

1. Ce matin, j'ai vu plein d'oiseaux voler au-dessus de Paris./Ce matin, j'ai vu voler plein d'oiseaux au-dessus de Paris.
2. Il ne croit pas pouvoir arriver assez tôt demain matin.
3. Vous avez entendu votre portable sonner ?/Vous avez entendu sonner votre portable ?
4. On a bien senti la tempête arriver./On a bien senti arriver la tempête.
5. Il a admis ne pas avoir été assez clair avec ses employés.
6. On a regardé les voitures passer à toute vitesse./On a regardé passer les voitures à toute vitesse.
7. Notre père estime ne pas avoir besoin de revenir sur sa décision.
8. Jean-Marc pense que Claudine ne voudra pas rentrer à Paris dimanche soir.

Exercice 19

1. Les personnes de ce forum parlent des gens qui n'aiment pas la BD et qui pensent que lire des BD n'est pas sérieux.
2. Belle des Champs écrit son message afin qu'on l'aide à trouver des albums incontournables que tout le monde peut apprécier.
3. On lui reproche souvent de lire des livres pour enfants (des BD) et de ne pas vouloir grandir.
3. Christin et Bilal font des BD sur le thème de la politique avec de vraies idées, des dessins fabuleux et réalistes.
5. Helmut aimerait adresser son message à tous ceux qui critiquent la bande dessinée et qui ont un minimum de culture générale.
6. Titoine est le seul à être bédéphile et à s'intéresser à la littérature dans sa famille.
7. Titoine trouve que les membres de sa famille ne sont pas très « futés ». Cette remarque est un peu excessive car ce n'est pas parce que les membres de sa famille n'aiment pas la BD qu'ils sont stupides.
8. Gotic conseille des BD « intellectuelles » pour impressionner, en mettre plein la vue aux gens qui ont des préjugés.
9. Lulu Pimpon a conseillé à sa prof de français de lire une BD et elle l'a aimée. Pour lui/elle, il suffit de faire lire deux ou trois trucs sympa aux personnes qui n'aiment pas la BD pour qu'elles accrochent.

Achevé d'imprimer en août 2005 par Mame
Dépôt légal : 5627/01 - 5809/01